JN409165

땅끝까지 가다

미리내수필문학회 14집

도서출판 진실한 사람들

제14집을 내면서

지난 2015년 을미년은 메르스(MERS, 중동호흡기증후군)라는 전염병으로 인하여 온 국민이 몸을 움츠리게 했던 한 해였습니다. 그로 인하여 모처럼 활기를 띠려던 경제가 다시 위축되어 가슴 시린 겨울을 맞이했습니다.

올해는 미리내수필문학회가 창립한 지 16년이 되는 해입니다. 2000년 1월 25일에 동인지 제1집 『물비늘에 띄운 편지』를 펴낸 후, 제14집 동인지 『땅끝까지 가다』를 발간하게 되었습니다.

'미리내' 란 이름을 우리에게 주신 서정범 교수님께서 우리 곁을 떠나신 지도 벌써 7주년을 맞이하고 있습니다. 우리 회원들은 전과 다름없이 교수님의 유지를 계승 발전시키기 위해 노력하고 있습니다. 문우들은 예전처럼 한 달에 한 번씩 문예비전 사무실에 모여 합평회를 하며 친목도 도모하고 있습니다.

우리 회원들은 알차게 공부하며 작품을 쓰고 있습니다. 앞으로는 교수님의 유지를 펴기 위한 숙원사업이었던 서정범 교수님 기념사

업회를 창립하여 전개할 것입니다. 그의 유지를 따르는 제자들과 우리 미리내수필문학회 회원들이 힘을 합하여 이끌어갈 것입니다. 지켜봐 주시고 격려해 주시기 바랍니다.

우리 회원들이 한 해 동안 써온 작품들을 한 권의 책으로 묶어 여러분 앞에 『땅끝까지 가다』란 제호로 선보이게 되었습니다.

좋은 작품을 위해 노력하고 문학에 대한 열정을 다하는 미리내수필문학회 회원님과 이 책이 나오기까지 세심한 배려를 아끼지 않은 '도서출판 진실한 사람들' 에게 감사드립니다.

2016년 3월

미리내수필문학회 회장 김의배

|차례|

땅끝까지 가다

미리내수필문학회 14집

제2부

제3부

1부

시치미 떼다 외 2편

서 정 범

어린이들이 부르는 「샅치기 샅치기 샅뽀뽀」가 샅(股) 끼리 뽀뽀 한다는 의미를 지니고 있다. 불량배의 은어(隱語)에서 사창가(私娼街)를 「샅치기 골목」이라고 하며, 사창가에 가는 것을 「샅치기 간다」 라고 하며 성관계를 「샅치기」라고 한다. 오디오에서 흘러나온 새타령을 옮겨 본다.

「새가 날아든다. 온갖 잡새가 날아든다. 새 중에는 봉황새 만수 문전에 풍년새 상교 꼭심 무인초 술입 비조 불새들이 농촌 화담에 짝을 지어 쌩끗쌩끗 날아든다. 저 쑥국새가 울음운다 울어- 울음 운다. 이산으로 가면 쑥국- 저 산으로 가면 쑥쑥꾹-쑥쑥 어-어이 이히 이히 음 좌우로 다녀 울음 운다. 온갖 잡새가 날아든다」고 했는데 새라는 것은 비둘기면 비둘기, 꿩이면 꿩끼리끼리 날아다니지 여러 새가 함께 날아다니지는 않는다. 새는 여기서 남자를 비유하고 있다. 장님들의 은어(隱語)에 남근(男根)을 새라고 하는데 새의 한자는 조(鳥)라는 데서 착상된 말이고, 여음(女陰)은 「순」이라고 하는데, 순은 한자 「순(旬)」과 관련되어 「旬」은 「十」 의 단위로 되어 있다. 「十」의 된소리는 곧 여음(女陰)과 관련되는 말인 것이다.

새타령에서 새의 의성어(擬聲語)로 「쑥꾹-쑥쑥꾹-쑥쑥-어-어이 이히이히 음」 성(性)과 밀접히 관련되고 있음을 알 것이다.

각설이타령에 「얼 시구 시구 들어간다. 저리고 저리고 들어간다」는 성관계를 은유하고 있으며 「기름동이나 마셨는지 미끈미끈 잘한다. 냉수동이나 마셨는지 시원시원 잘 한다」에 이르러서는 웃음이 터진다. 군밤타령도 역시 성관계가 비유되어 있다.

「너도 총각 나도 처녀 웅애 총각처녀 단 둘이 만나 동동 굴어졌구나 얼사 좋네 군밤이여 삶은 밤이로구나 웅애 ×× 너도 총각 나도 총각 처녀하나씩 안고 동구라지니 군밤아 에헤야 군밤아 에헤야 군밤아 ×× 우리 둘이 오냐 얼시구나 그렇지 아이가 배면 허허할사 어찌 할거나 얼시고나 군밤이여 삶은 밤이로구나」

성적 감정을 군밤과 같이 고소하고 맛이 있다는 것으로 은유하고 있는 것이다. 이러한 민요의 작사자는 그 내용을 알고 있으면서 남들은 그 뜻을 모르고 부르게 함으로써 속으로는 쾌재를 올리고 있는 것이다. 즉 「시치미를 떼고」 있는 것인데 이것이 바로 우리 민족의 해학성의 일면을 드러내는 것이라 하겠다. 우리가 흔히 「시치미를 떼고 말하니 얼마나 더 우습냐」 고 하는 말은 바로 「시치미 떼는 것」이 「웃음의 요소」가 된다는 말이 될 것이다. 「시치미를 떼다」는 알고도 모르는 체, 하고도 안한 체 하며 태연해 하는 것이다.

춘향전에서 이 도령이 암행어사의 정체를 감추고 변장하여 남원에 내려가 시치미를 떼는 행동에서 해학적 요소를 연출시키고 있는 것이다.

춘향전에 나오는 사랑가(歌)를 옮겨보자.

「너는 죽어 방애학이 되고 나는 죽어 방애고가 되야 경신년(庚申年) 경신일(庚申日) 경신시(庚申時)에 강태공 조각방에 그저 떨구멍 떨구덩 찍커들랑 날인줄 알려무나 사랑사랑 내 사랑 내 간간 사랑이야」

춘향과 이도령이 첫날밤 서로 화담한 노래로서 정사를 방아에 비유한 것이다. 연암(燕巖)의 호질전(虎叱傳)엔 이런 시치미를 떼는 해학이 두드러지게 나타난다. 북곽 선생(北郭先生)이란 도학(道學)과 덕행(德行)으로 천자(天子)의 표창을 받은 도학자다. 동리자(東里子)라는 과부는 정부(貞婦)라는 표창을 받았는데 성(姓)이 각각 다른 아들을 다섯 명이나 데리고 있다. 이렇게 각기 표창을 받은 북곽 선생과 동리자(東里子)는 밤이면 밀회를 하는데 어느 날 아들에게 밀회하는 장면을 들키게 된다.

그러나 과부의 아들들은 「외간남자(外間男子)가 과부집에 출입하는 것이 예도(禮道)에 벗어나는 행동이라는 것을 우리는 바로 북곽 선생에게서 배웠지. 선생은 세상이 다 아는 어른이니 저기 앉아 있는 저 놈은 필시 허물어진 성문 밖 굴 속에 살고 있는 천년이나 묵은 여우가 선생의 탈을 쓰고 우리 어머니를 홀리려는 것이 분명하다. 참으로 요망한 놈이지」 하고 몽둥이를 들고 방으로 들이닥친다.

연암은 여기서 양반의 위선을 예리하게 파헤친 것이라 하겠다. 아이들이 북곽 선생을 여우가 변한 것으로 믿게 하는 것은 연암의 작품 구성상의 기교가 시치미를 떼는데 있다고 하겠다.

성(姓)이 각각 다른 아들을 다섯 명이나 둔 과부가 정부(貞婦)의 표창을 받았다고 하는 것은 이미 기교상에서 시치미를 떼고 있는 것이다.

북곽 선생이 몽둥이의 기습을 받고 도망쳐 나오다가 캄캄한 밤이라 똥통에 빠진다. 역한 구린내가 나서 정신을 차려 보니 언제 이미 큰 범이 다가와서 입맛을 다시고 있다. 북곽 선생은 어떻게 해서라도 살아야겠다는 마음에서 똥통에서 기어올라 머리를 조아려 갖은 아첨을 다하여 살려달라고 범에게 빈다. 범들은 어떤 종류의 사람고기가 맛이 있을까 의논하는 선육회의(選肉會議)를 하는 것이었다. 북곽 선생한테서 풍기는 똥냄새에 못 견디어 범들은 과연 듣던 바와 같이 선비 「유(儒)」는 아첨할 「유(諛)」로구나」하고 그 자리를 떠난다.

범의 꾸지람을 듣고 한참 있다가 고개를 들어보니 범은 간 데 없고 날이 밝아 온다. 이때 일하러 나가던 농부가 똥투성이가 되어 고개를 드는 북곽 선생을 보고 「이른 아침에 무엇을 그렇게 기도를 하고 계십니까」 하고 묻는다. 「저 경서(經書)에 이런 말이 있지. 하늘이 높으니 우리러 보지 않을 수 없고, 땅이 넓으니 굽어보지 않을 수 없다. 그래서 나도 오늘 새벽에는 높고 넓은 천지에 예(禮)를 하려 나왔던 터일세」라고 지금까지 범에게 목숨만 살려 달라고 빌고 있다가 순진한 농부를 만났을 때에는 이렇게 시치미를 뗀다.

이런 시치미를 떼는 해학은 사설시조에서도 볼 수 있다. 「두꺼비저 두꺼비 한 눈 멀고 다리 저는 저 두꺼비 한 나래 없는 파리를 물고 날랜 체하여 두엄 쌓은 우에 솟구다가 발딱 나자빠졌구나.」 모처럼 몸이 날랠새망정 중인첨시(衆人瞻視)에 남웃길 뻔하였다.

종장(終章)에 「마침 몸이 날랠새 망정」이 시치미를 떼는 것이라 하겠는데 한눈이 멀고 다리를 저는 두꺼비가 날랠 수가 없다고 하는 것은 분명한 것이다.

「개야미 불개야미 잔등 부리진 갸야미 앞발에 즙종(汁腫=毒종기)이 나고 뒷발에 종기난 불개미야 광릉(廣陵)샘재 넘어들어 갈범(虎)의 허리를 가로 물어 추켜들고 북해(北海)를 건넜단 말이 있다. 님아 님아 온놈이 온말을 하여도 님이 짐작하쇼셔.」 우선 심한 과장에 놀라게 된다.

앞발 뒷발에 개미가 그것도 허리가 부러진 개미가 큰 범의 허리를 가로 물고 치켜들고 북해를 건넜다고 했다. 이러한 과장을 해놓고 시치미를 떼니 웃음이 터져나올 수밖에 없다고 하겠다. 조선시대에 유명한 진묵당(震墨堂)이라는 고승(高僧)이 있었다. 수도승이 고승에게 수도의 비결을 물었다. 그랬더니 부처님에게 쉬지 말고 절을 하라는 것이었다.

수도승은 가르침대로 허리가 끊어질 정도로 부처님에게 절을 했으나 깨달음을 얻지 못했다. 그래서 수도승이 고승에게 절을 하라는 뜻을 물었다.

그랬더니 고승은 내가 언제 부처님에게 절을 자주 하라고 그랬느냐고 시치미를 떼는 것이었다. 그러면서 많이 하기로는 디딜방아를 따를 수 없이 않겠느냐는 것이었다. 영문을 모르는 수도승은 더 물을 수가 없어 물러 나왔다.

얼마 후 다시 수도의 비결을 물었다. 그랬더니 몸을 항상 깨끗이 하라는 것이었다. 그 후 수도승은 아침저녁 그러고 틈이 나는 대로 맑은 물로 몸을 씻었으나 역시 깨달음을 얻지 못했다. 그 뜻을 고승에게 물었더니 내가 언제 그런 말을 했느냐고 또 시치미를 떼는 것이었다. 몸을 항상 깨끗이 씻기로는 물고기를 따를 수 없지 않으냐 하는 것이었다.

여기에서 고승의 깊은 뜻이 숨겨있는 이야기지만 우리나라 승의 해학적인 면이 역시 시치미를 떼는데 있음을 알겠다. 이렇게 시치미를 떼는 시인으로서 김삿갓을 들 수 있다. 김립(金笠)이 북도(北

道) 어느 곳을 갔더니 지방 유지라고 해서 원선생(元先生), 서진사(徐進士), 문첨지(文僉知), 조석사(趙碩士) 등이 거들먹거리는 것을 조롱한 시가 있다.

日出 遠生員(元生員) 해가 돋으니 원숭이가 정원에서 움직이고
猫過 鼠盡死(徐進士) 고양이가 지나가니 쥐가 죽음에 이르도다
黃昏 蚊簷至(文僉知) 황혼이 되자 모기가 발에 이르고
夜出 蚤席射(趙碩士) 밤이 되자 자리에서 벼룩이가 따끔거린다

원선생은 원숭이, 서진사는 쥐, 문첨지는 모기, 조석사는 벼룩으로 벼슬아치들을 풍자한 것이라 하겠다.

이렇게 시치미를 떼는 익살로서 풍자하며 속으로는 쾌재를 올리고 있는 것이며, 독자들도 본의를 알게 됨으로써 웃음이 터지는 것이다.

그런데 「시치미」는 명사라 하겠다. 이 명사 밑에는 반드시 「떼다」의 술어가 오고 다른 술어는 붙지 않는 것이 특색이다. 시치미의 준말은 「시침」이다. 「시침」의 어원은 무엇일까.

「입술에 침도 바르지 않고 말한다」는 말이 있는데 이는 시치미를 떼고 하는 말이 된다.

「시침」은 입술과 침과의 복합어라 하겠다. 침의 옛말은 춤인데

춤, 침으로 변하였다. 입술의 옛말은 「입시울」이다. 「시울」이 줄어들어 술이 되고 술, 실로 변하여 「실침」의 ㄹ이 떨어지면 「시침」이 된다. 「시치미 떼다」는 입술과 침을 뗀다는 어원을 지니는 말이라 할 것이다.

거짓말의 황해도 사투리에 「거집서리」가 있다. 「거짓 입술」의 변한 말이다. 여기서 서리는 소리가 변한 말이다. 거짓소리가 거립서리로 변했다. 이야기라는 말은 입과 아귀의 합친 말 「이바귀」가 변한 말인데 경상도 사투리에서는 지금도 이야기를 「이바구」라고 한다. 「아귀」는 지금 말에서도 아귀다툼과 같이 쓰이는 말인데 「아귀」의 어근(語根)은 「악」이다. 악웅→아궁 · 악아리→아가리에서 「악」은 입의 뜻을 지니고 있는 말이다.

흉내의 황해도 사투리에 「입내」가 있다. 「읊다」라는 동사도 입「口」의 명사에서 전성「轉成」된 동사인 것이다. 익살이라는 말은 '입소리' 의 어근 '솔' 이 '살' 로 변했다고 하겠다. 우리말에서는 ㅂ이 ㄱ으로 변하는 현상이 있는데 거북의 옛말은 「거붑」이다. 그러므로 입술→익살로 변한 말임을 알겠다.

「익살」은 그 밑에 술어로는 「부리다」가 오는 게 보통이다. 익살부리다, 익살이 좋다와 같이 쓰이기도 한다. 익살, 이바구, 이야기, 거집서리, 아귀다툼, 입방구, 입씨름, 입꼬리, 입귀의 어휘(語彙)의 어원(語源)의 소재(素材)를 보면 입이 주된 것임을 알겠다.

'입이 너부죽해서 새 소리만 못하고 다 한다' 는 말은 역시 말이 입에 중심을 두고 있음을 알 것이다. 말의 내면적인 면보다 말의 출구인 입에 초점을 두고 있음을 알겠다.

삼국유사에 의하면 수로부인을 용이 바다 속으로 끌고 들어가 버렸다. 이를 구하려고 안절부절할 때 한 노인이 나타나 뭇사람 입은 쇠 같은 물건도 녹인다(衆口鑠金)했으니 경내의 백성을 모아 노래를 지어 부르고 막대기로 언덕을 치면 부인을 찾을 수 있을 것이라 했다.

옛사람들도 대중의 입을 무기로 역신을 굴복시키려 했으며 부조리를 녹여 버리려 했던 것이다. 즉 권력에 대하여 입을 무기로 삼아 대항했던 것이다. 이는 샤머니즘적 요소를 지니고 있는 언어관인 것이다.

어떠한 악과 부조리에 대해서도 노하거나 주먹질 대신 시치미를 떼어 웃음을 통해서 그를 깨우치려 했었다. 이는 곧 우리 민족의 해학성에 나타난 인간적인 일면이라 할 것이다.

시치미는 매의 임자를 표시하여 매의 꽁지털 속에 매어 둔 네모난 뿔을 가리킨다. 매의 주인의 표시인 시치미를 뗌으로써 매가 자기 것이라고 주장하는 것이다. 자기가 하고도 안한 체 모른 체한다는 뜻을 지닌다고 하겠다.

해학에서의 시치미를 떼는 것은 체념에서가 아니라 어디까지나

생활의식의 확대와 인간 본연의 자세에 충실하려는 데 있다고 여겨진다. 이는 현실에 사로잡힌 포로가 되는 것이 아니라 이를 객관화하는 정신적 여유에서 생겨나는 해학인 것이다.

이렇게 시치미를 떼는 해학성은 시치미의 어원이야 어떻든 원초적 정서가 여과된 보다 차원적인 정신적 산물이라 할 것이다.

잘 먹어야 본전

'돼지고기는 잘 먹어야 본전이다' 라는 말이 있는데 무슨 근거로 그런 말이 생겼을까.

내가 어원 사전을 쓰고 있는데 그러한 자료를 얻고 확인하기 위해 알타이어권인 터키, 위구르, 카자흐, 야쿠트 등 터키어권과 몽골, 부리야트어 등 몽골어권과 만주 퉁구스어권인 오로촌, 에벵키, 에벵, 우데헤, 나나이어 등의 시베리아를 현지 답사하면서 어학적인 자료 외에 귀중한 소득을 얻을 수 있었다.

북위 62도에 있는 시베리아의 야쿠트는 겨울이면 영하 50도를 오르내리는 지역이다. 그 지방의 야쿠트족과 에벵키, 에벵족을 만나면서 놀라운 것은 그 지방 사람들의 눈은 실눈이 많다는 것이다. 한 10m 거리에 서 있는 사람이 눈을 감았는지 떴는지를 구별할 수가 없어 바짝 다가가서 보았더니 눈을 뜨고 있었다.

몽골의 수도인 울란바토르에 갔을 때 박물관에서 세계적 영웅인 징기즈칸의 초상화를 보고 적이 놀랐었다. 눈이 실눈이었다. 남방인 필리핀이나 인도네시아 사람은 눈이 모두 크고 실눈이 거의 없다. 북쪽 추운 지방 사람은 실눈이 많고 비교적 눈이 작은 편이다. 우리는 겨울에 영하 15도만 돼도 눈알이 시리다고 한다. 영하 50도가 되면 눈알이 얼마나 시릴까. 그래서 될 수 있으면 시린 것을 피하기 위해 눈을 작게 뜨려고 해서 작아진 것이라는 생각이 들었다. 여름이 짧은 추운 지역에는 눈이 오래 쌓여 있다. 여기에 햇빛이 반사되면 눈이 부셔 눈을 크게 뜰 수 없어 눈을 작게 뜨려는 노력이 눈을 작게 하고 실눈이 많아진 것이라 하겠다. 동양의 미인의 눈은 초승달 모양이 아닌가.

그런데 추운 지방 사람들의 특징의 또 하나는 광대뼈가 유난이 나온 사람이 눈에 띈다는 것이다. 그러나 남방인 더운 지방에 사는 사람은 광대뼈가 나온 사람이 별로 없다.

추운 지방 사람은 주로 육식을 하는데 질긴 것을 씹기 때문에 광대뼈가 나온 것은 아닌지. 남방 사람은 주로 과일을 먹고 생선이 주식인 셈이다. 먹을거리가 연하기 때문에 고기 같이 씹지 않아도 돼서 광대뼈가 나온 사람이 없는 것이 아닐까.

특히 야쿠트 에벵키, 에벵족은 비교적 코가 낮은 반면에 더운 지방인 남방계는 코가 납작한 사람이 눈에 띠지 않는다. 북방계는 추위의 저항을 덜 받으려니까 코가 낮아지는 것은 아닌지.

북방계 알타이어 계통의 말은 못, 밥, 밭과 같이 끝소리가 자음으로 끝나게 된다. 즉 말을 할 때 공기를 내보내지 않고 막는 편이다. 그것은 춥기 때문에 공기를 밖으로 내보내지 않으려는 노력에서 폐음절어가 되었다고 하겠다.

그러나 남방계어는 일본어를 포함해서 개음절어로서 모음으로 끝나는 말이라 모음으로 끝날 때는 입을 열어 공기를 내보낸다. 여름날에 개가 입을 벌리고 있는 것이나 남방의 악어들이 입을 벌리고 있는 것은 덥기 때문이라 하겠다.

북방계의 말은 폐음절어이고 남방계 말이 개음절어라는 것은 남방은 더워서 공기를 내보내고 북방계는 추워서 공기를 막는다고 하겠다.

남방계 사람은 눈동자가 북방계 사람보다 검은데 그것도 강렬한 태양빛 때문에 그런 것은 아닌지. 여름에 검은 안경을 쓰는 것은 강렬한 햇빛을 피하기 위해서가 아닌가.

몇 해 전에 인도네시아 발리섬에 간 적이 있었다. 민속춤을 보았는데 주로 손가락 춤이었다. 양팔을 옆으로 벌리고 손가락을 떼었다 붙였다 하는 동작이고, 눈알을 옆으로 왔다갔다 하는 춤이었다. 인도나 태국 등 춤을 보면 손가락에 긴 구리 손톱을 끼고 추는 춤인데 손이 얼굴 앞에 온다. 이렇게 남방계 춤은 손가락이 춤의 중심이라 하겠다.

추운 시베리아 지방에서의 민속춤은 주로 발이라 하겠는데 탭댄스 같은 것은 뛰는 춤이라 하겠다. 발레의 춤도 발끝을 세워서 추는 춤이니 역시 발이 춤의 중심이 된다고 하겠다. 추우니까 그냥 서 있으면 발이 시리니까 뛰는 것이 춤의 동작이라 하겠고 남방은 더우니까 될 수 있으면 동작을 적게 하려니까 춤의 중심이 손가락이라 하겠다.

인도네시아의 집은 원두막같이 땅에서 띄어 짓는다. 지열을 피하기 위해서다. 천장은 우리나라 천장의 서너 배 정도 높다. 그것도 강렬한 태양열을 중화하기 위해서다. 북위 62도의 추운 지방의 원주민의 집은 땅을 파고 그 위에 덮었다.

이렇듯 북방계와 남방계의 문화와 언어의 차이가 생기고 눈, 코, 얼굴 등의 차이가 생기는 것은 그 지방의 기후와 환경에 의해 진화한다고 보겠다.

이러한 남방계와 북방계의 체질의 차이는 어떠한가. 북방계는 속은 차고 겉이 덥다. 겉은 더운 이유는 추위를 견디려니까 더운 것이다. 남방계는 속이 덥고 겉이 차다. 그것은 더위를 견디려니까 겉이 찬 것이다.

시베리아 지방의 알타이어 계통의 원주민은 북방계 체질로 겉이 덥고 속이 찬 체질이다. 우리나라 경우 필자가 조사해 본 바에 의하면 평안도 함경도는 약 80%가 북방계 체질이고 남방계가 약 20% 된다. 중부지방에는 75~80%가 북방계고 남쪽인 경상도, 전라도 지방은 약 65~70%가 북방계가 된다. 남쪽으로 내려갈수록 남방계가 높아진다.

북방계 체질인 속이 차고 겉이 더운 체질의 식품은 어떤 것이 맞는가. 그것은 열이 많은 열성식품을 먹어야 한다. 고기 중에 돼지고기를 빼고서는 북방계 체질은 다 이로운 식품이 된다. 돼지는 북방계 동물이 아니고 남방계 동물인 것이다. 돼지고기는 한방에서 찬 것이기 때문에 한약을 먹을 때에는 금기로 하고 있다. 그러나 남방계 체질은 속이 덥기 때문에 먹을거리는 찬 것인 냉성식품을 먹어야 이로운 것이다.

남방계는 속이 덥고 겉이 차기 때문에 냉성인 돼지고기가 이로운 것이다. 남방계 체질은 북방계 체질보다 겨울에 추위를 더 탄다. 그것은 겉이 차기 때문이다. 남방계 체질은 남방의 과일인 바나나, 파인애플 그리고 오이, 참외, 수박 등이 이로우나 북방계 과일인 사과, 대추, 밤 등은 해로운 것이 된다.

그러니까 북방계 체질은 원산지가 북방에서 나온 것은 주로 이롭지만 남방계가 원산지인 먹을거리는 해로운 것이 되고 남방계는 남방이 원산지인 먹을거리는 이로워도 북방이 원산지인 것은 해로운 것이 된다.

그러나 다 그런 것은 아니다. 남방이 원산지일지라도 남방인에게 해로운 것이 있다. 설사를 하거나 체해서 토하거나 두드러기가 나는 것은 체질에 맞지 않아서 그렇다. 체질에 맞지 않은 것을 먹었을 때에는 몸이 괴로우니까 빨리 몸 안에서 내보내려고 설사를 시키거나 토하게 해서 내보내고 두드러기 같은 현상을 일으키는 것이다. 특히 아침마다 가래가 나오는 것도 음식과 관련된다고 하겠다.

특별한 이유가 없는데 아침에 일어났을 때 머리가 띵하고 아플 경우도 체질에 안 맞는 것을 먹었을 때 일어나는 현상이다.

북방계 체질을 두 가지로 나눌 수 있는데 다형(多形)과 소형(小形)으로 나눠고 남방계도 다형과 소형으로 나뉜다. 북방계의 다형은 약 90%가 되고 약 10% 정도가 소형이다. 남방계도 약 95%가 다형이고 약 5% 정도가 소형이라 하겠다. 남방계 다형은 쇠고기와 돼지고기를 먹을 수 있지만 소형은 일체 고기류는 먹을 수가 없다. 북방계는 다형이나 소형 모두가 내성인 돼지고기를 빼고는 무슨 고기든지 이롭다.

이제마 선생의 사상체질은 간, 심장, 비장, 폐, 신장 등의 내장의 실(實), 허(虛)로 구분한 것인데 필자가 분류한 것은 문화 인류학적 방법을 통해서 분류한 것으로 그 분류 방법이 다르다고 하겠다.

내장기관의 강약을 구분하기란 전문적이고 어려운 것인데 반하여 필자가 발견한 남방계 체질과 북방계 체질의 감별은 오링테스트 방법만 알면 누구든지 할 수 있다. 북방계 체질은 속이 차기 때문에 불이 이롭고 남방계 체질은 불일 때는 해롭다. 오링테스트 방법으로 라이터 불을 켰을 때 힘이 생기면 북방계가 되고 불울 켰을 때 힘이 약하면 남방계가 된다. 불을 켜서 힘이 약해지면 남방계인데 감자를 시험해 봐서 힘이 약해지면 다형이고 그렇지 않은 경우는 소형이다.

이제마 선생의 사상체질과 비교하면 북방계 체질이 음체질이고 소음이 다형이고 태음이 소형이다. 남방계 체질은 양이고 다형이 소양이고 소형이 태양에 해당한다.

제자가 만혼으로 첫아들을 낳았다. 백일이 지나서 아기를 데리고 연구실을 찾아왔는데 산모의 몸이 반쪽이 되었다. 산후조리가 문제라는 생각이 들었다. 모유를 먹이고 싶어도 젖이 거의 나오지 않는다고 했다. 무엇을 주로 먹느냐고 했더니 매일 미역국을 먹을뿐더러 젖이 안 나온다고 흑염소와 개소주를 세 마리나 먹었는데도 별로 효과가 없다는 것이다.

체질검사를 해 봤더니 남방계의 다형(소양)이었다. 남방계의 다형은 미역이 해로울뿐더러 염소와 개가 해로운 것이다. 해로운 음식만 먹였으니 젖이 나올 턱이 없다. 미역국은 북방계 체질에는 이롭지만 남방계의 다형 체질에는 해로운 것이 된다.

배추쌈에 돼지고기를 싸서 먹어보라고 했다. 일주일 후에 전화가 왔는데 젖이 풍풍 나온다고 기뻐하는 음성이었다. 어느 체질이든지 해로운 것으로는 흰 밀가루, 흰 소금, 조미료 등이고 커피, 담배, 맥주, 은행 등은 어느 체질이든지 해롭다. 요즘 양식의 야채에 적채(赤菜)가 나오는데 그것도 해롭고 오링테스트를 해 보면 당근은 맞는 사람이 아주 적다.

우리 민족은 북방계가 주종을 이루고 있기 때문에 냉성인 돼지고기가 맞지 않아서 '잘 먹어야 본전이다' 라는 말이 생겨났다고 하겠다.

따오기

따오기라는 말은 미니스커트를 입은 사람을 가리키는 속어이다. 동요 '보일 듯이 보일 듯이 보이지 않는…' 에서 착상된 말이다. 전에는 짧은 치마를 '미스 무르팍' 이라 했고, 스커트를 '남대문' 이라 했다. '따오기' 라는 말은 극히 말초적이며 감각적인 말인 것이다. 스커트를 남대문이라고 했는데 정신분석학적인 면에서 볼 때 문은 전형적으로 여자의 그것을 상징하고 있다. 그러므로 따오기나 남대문은 모두 자극적인 말이라 하겠다.

따오기라는 말은 1971년도에 나온 속어 가운데 가장 재미있는 말로서 올해 널리 퍼지고 있는 말이다. 70년도에 가장 재미있었던 말은 '궤도 수정' 이란 말이라 하겠다. 그것은 애인을 바꾸는 것을 뜻하는 말이라고 하겠다

애인과 만나는 것을 도킹한다고 한다. 이러한 '궤도 수정' 이나 '도킹' 은 미국에서 달에 쏘아 올린 아폴로에서 연유된 말이다. 1969년도에 재미있었던 말은 '청춘의 깃발' 이다. 여자대학교의 기

숙사에서 생겨난 말인데 기숙사에 빨아 널은 여자의 아래 속옷을 가리킴이다.

'청춘의 깃발' 은 시적(詩的)인 이미지가 있고 낭만적이며 청춘의 깃발을 높이 치켜들고 남성에게 육박해 들어가는 적극적인 자세를 엿볼 수 있는 말이기도 하다.

1968년도에는 '미장원' 이라는 말이 있다. 맥주집을 가리킨다. 맥주를 마시면 얼굴의 화색이 좋아지고 건강에 좋다고 하는데서 미장원이고, 맥주를 보리쥬스라고 일컫는 것이다. 여자대학생들은 맥주를 보리쥬스로, 맥주집을 미장원에 드나드는 것으로 생각하고 있는 것이다. 그런데 남자대학생들은 맥주를 '쌍놈의 술' 이라 하고, 막걸리를 '양반술' 이라고 한다. 맥주는 보리로 만들었고 막걸리는 쌀로 만들었으니까 보리로 만든 맥주는 쌍놈의 술이라는 것이다.

1963년도에는 '신장개업' 이라는 말이 있다. 처녀가 아니면서 처녀인 체하는 사람을 가리키며, 1966년도에는 여학생한테서 나온 '오촌오빠' 가 있다. '오촌오빠' 는 애인을 가리키는데 애인과 산책을 하다가 친구한테 들켰다. '누구냐?' 하고 묻자 당황해서 '오촌오빠야!' 라고 대답했다는데서 생겨난 말이다.

요즘엔 애인을 그씨, 대그씨(그대를 거꾸로 읽은 말), 바지씨 또는 '201호' 또는 '35호' 라고 한다. '21' 의 2가 '그' 자와 비슷하고 '그이' 의 이는 0과 1이다. '35호' 의 '35' 는 '삼오' 로서 사모(思慕)와

음이 같다는 데서 생겨난 말인 것이다.

남자대학생들은 여자 애인을 '미스 곰' 이라고 하는데 단군신화에서 '곰' 은 여자로 바뀌었고, '미스 갈비' 라고도 하는데 성경에 의하면 여자는 갈빗대로 빚었다.

'고생보따리' 라는 말도 여학생들의 어깨가 축 늘어지도록 들고 다니는 무거운 책가방을 가리키고 있다. 여고 3학년생을 '제복 할머니' 라고 부르고 있으며 대학 입학시험에 실패해서 재수하는 학생들을 '고물 시계' 또는 '업자' 라고 한다. 업자는 실업자의 '실' 이 줄어든 말이다. 그리고 '무제한 중노동' 이란 말은 과외까지 포함해서 하는 학교수업을 가리키며, 공부시간에 잘 조는 학생을 활불(活佛)이라고 한다. 꾸벅꾸벅 조는 것을 절하는 것으로 연상하여 붙인 이름이다. 커닝하는 것을 '눈썹화장' 이라고 하며, '48호 작전' 이라고 한다. '48호' 의 '48' 은 '사팔' 로 읽고 '사팔뜨기' 에서 연상된 것이다.

위에 든 '따오기', '오촌오빠', '고생보따리', '제복 할머니' 들의 어휘에서 여학생들이 진학을 위해 심리적으로 무거운 압박을 느끼고 있음을 보여주고 있다.

얌전하고 공부만 하고 이성과의 교제가 없고 소박한 학생을 '19세기' 라고 하며, 연애 대장은 열녀(烈女)가 아니라 열녀(熱女)인 것이다.

전에 여학생들이 대학을 진학하는 데는 민족적인 사명의식이나 자기의 개성을 충분히 살려 본다거나 현모양처가 된다고 하는 확고한 가치관이 서서 진학을 했는데 요즘엔 그런 가치관보다도 시집을 갈 때 쓸 간판을 따기 위한 경향이 짙은 것 같다.

물론 여학생들이 그런 간판만을 따기 위해 진학하는 것은 아니다. 자기 나름대로의 참여의식이나 어떤 꿈을 안고 대학에 들어오지만 대학에 들어와 1, 2학년이 지나면 그러한 꿈들이 하나둘 사그라져 현실과 타협해 버리고마는 경향이 많은 것이다. 그것은 '따오기' 가 되고 '청춘의 깃발' 을 높이 치켜 들고 '미장원' 에 가서 '보리쥬스' 를 마시는 동안에 하나, 둘 꿈이 식어가고 있다. 배움의 길이란 어렵고 고달픈 길이다.

학생들이 쓰는 말 가운데 거짓말이라고 하는 말이 속어로 어떻게 사용되나 살펴 보자.

8 · 15해방 후에는 '후라이 깐다' , '후라이 친다' 했다. 거짓을 후라이라고 했다. 야구에서 높이 뜬 후라이는 대개 잡혀 버리고 만다. 즉 큰 소리를 쳤지만 내용이 없다는 말이다.

6 · 25 후에 '대포 쏜다' , '꽝이다' 라는 말이 쓰였다. 이 말은 8 · 15전에도 쓰였지만 6 · 25동란 때 대포소리를 몸소 겪었기 때문에 이 말이 다시 유행되었던 것이다.

대포는 소리가 요란한 동시에 소리 즉 거짓말로 상대방을 죽인다는 무서운 뜻이 들어 있다. 휴전이 된 후로는 '공갈' 이라는 말로 바뀌었다. 공갈은 원래 무섭게 으르고 위협한다는 뜻을 지니고 있는 말이다. 다음으로 한일 국교가 정상화되자 '구라' 라는 말로 바뀌었다. 이 '구라' 라는 말은 일본 말에 '고라!' 하는 말에서 변한 것인데 큰 소리로 이놈하고 을러대는 소리인 것이다. 이 '구라' 는 그 위에 관형어가 붙어서 날구라, 개구라, 쌩구라, 갈비구라, 곱배기구라, 살살이구라 등 여러 가지로 변한다. 거짓말 잘하는 사람을 '구라박사' 라고도 한다.

선거가 한창일 때는 '유세' 라고도 했는데 당선이 된다면 하고 큰 소리를 친다는 데서 생겨난 말이다. 그리고 요즘에 '노가리 깐다' 라고 한다. 이 노가리는 명태 새끼를 뜻하는 말인데 명태는 그 알을 많이 까기 때문에 거짓말은 말의 수효가 많다는 것을 의미한다.

이러한 후라이, 대포, 공갈, 구라, 노가리 등에서 공통되는 것은 거짓말은 소리가 클 뿐더러 을러대고 말의 수효가 많다고 하는 것이다. 전에는 말 많은 사람이 있으면 '빨갱인가 말이 많게' 라고 했는데 요즘엔 말이 많은 사람을 '무당' 이라고 한다. 무당은 말을 시작하면 그칠 줄 모르고 말의 산맥을 이루고 나가는 것에서 온 것이다. '빈 수레가 더 요란하다' 는 말이 있지만 결국 거짓말을 하는 사람은 빈 수레같이 속이 비어 있다는 것이 되며 진실된 꿈이 없다고 하겠다. 그러므로 속이 비어 있지 않고 속이 차 있으면 거짓말을 하지 않을 것이다.

거짓말의 반대어는 참말이다. 참말의 '참'은 차다(滿)의 어간 '차'에 ㅁ접미사가 붙어서 된 전성명사이다. 그러므로 속이 비어 있지 않고 가득 차 있으면 그것이 곧 참(眞)이 되는 것이다. 차 있다는 것은 물질적인 것이 아니라 정신적인 것이라 하겠다.

우리 민족은 예부터 달을 숭상하고 있었는데 달이 꽉 차 있는 보름달을 숭상했던 것이다. 그래서 정월 보름이나 8월 보름을 명절로 여기고 달을 숭상했다. 이는 곧 참을 숭상했던 우리 조상들의 슬기로움이 아닐 수 없다.

미국이나 소련은 요즘에야 달에 올라가 보고 있지만 우리의 조상들은 '초가삼간 집을 짓고 천년만년 살고지고'와 같이 달 속에서 이미 살고 있었던 것이다. 이는 정신적 세계, 즉 꿈의 세계에서 살았던 것이다. 이러한 달에서의 꿈의 생활이 오늘날 아폴로와 같은 우주선을 만들게 한 원동력이 되었던 것이다.

속이 가득 차 있을 때 참말이 나오고 그 참말은 현실에 얽매인 말초적이며 감각적인 꿈이 아니라 앞을 내다보는 인류적인 건강한 꿈이어야 되지 않을까.

2부

바람의 집을 지나 외 2편

김주안
kjooan@dreamwiz.com

터널을 막 지나자 울산바위가 시야를 한가득 메운다. 터널이 완공된 이후 속초를 오는 시간이 단축되었으나 옛길에 올라 동해를 바라보는 멋스런 풍경이 사라져 아쉽다. 고갯길에는 늘 바람이 있었고 그래서 미시령은 바람의 집이 있을 것이라 생각하기도 했었다. 그 바람은 삶이 버거워진 사람들의 후줄그레한 등을 곧잘 두드려주곤 했다.

숙소로 들어와 짐을 풀고는 햇살이 화사하게 부서지는 창가로 갔다. 숙소가 고층에 있어 시야가 확 트이면서 사방이 훤했다. 울산바위가 지척에 있는 듯 보였고 멀리 동해의 푸른빛이 햇살에 반사되어 눈이 부실 정도로 아름다웠다. 그런데 언제부터 시작되었는지 미시령을 오르는 숲에서 나무들이 심하게 일렁이고 있었다. 이리저리 뒤척이는 걸 보니 바람이 부는 모양이었다. 불면 얼마나 불겠나 했는데 오후의 햇살이 기울어지면서 더욱 소리를 내며 기세가 등등

해졌다. 그 소리가 점점 가슴을 파고들더니 미시령 저쪽 너머 사람의 세상에서 있었던 시린 기억들이 떠올랐다.

삼십 년이란 세월을 넘어 함께 지내온 사람들이 있었다. 자그마한 의견의 대립이 생겨도 이해하고 넘어왔다. 작은 것이라도 서로 나누며 그것이 기쁨인 줄 알고 지내왔다. 그러던 어느 날 딱한 사정을 듣고 호의를 베푼다는 것이 도리어 관계성을 엉망으로 만들고 말았다. 금전적인 문제 보다는 사람이 지켜야 할 기본적인 신의를 경솔히 여겼다는데 마음이 시렸다. 그동안 묵혀온 시간들을 헤아리며 이해하려고 할수록 가슴은 젖어갔고 생채기는 깊어갔다. 알 수 없는 방향에서 불어오는 바람은 관계들을 뒤흔들기 시작했다. 두터운 침묵이 여러 날 흘렀다. 할 수 있는 일이란 가슴 한쪽으로 그냥 밀어두는 것뿐이었다. 시간이란 더께가 쌓이면 생채기는 어지간히 아물 것이고 새살도 돋아날 것을 기대했다.

일행과 창가에 앉아 마음을 풀어내다보니 이도 속내가 아프다고 한다. 노을이 내려앉는 먼 바다를 바라보며 지난 상처를 꺼내 보인다. 쉽사리 아물지 않는지 목소리가 축축하다. 그 목소리가 자꾸 젖어들수록 창밖에는 바람의 소리가 점점 더 높아져 갔다. 마침내 어둠이 짙어지면서 사람이 내는 소리는 바람이 내는 소리에 파묻히고 말았다. 숙소를 집어삼킬 듯 사나운 소리를 내며 거칠게 주위를 맴돌았다. 온 천지가 바람의 세상이 되어 버렸고 우리는 꼼짝없이 갇

히게 되었다.

바람이 왜 이토록 우리에게 전에 없이 거친 몸짓을 보이는 것일까. 어쩌면 우리에게 이르고 싶은 말이 있는 것은 아닐까. 우리네 마음에 놓여진 지독한 생채기의 골짜기를 지나면서 대신 악을 쓰는 것일까. 아니면 그만한 일로 엄살을 떠느냐고 호통을 치며 꾸짖는 것일까. 그래서 밤이 늦도록 이렇게 높은 망루 같은 숙소에 가둬놓고 호령하고 있단 말인가. 불현듯 맞닥뜨린 바람의 세상에 익숙지 않은 탓에 나는 밤새도록 잠을 설치고 말았다.

다음 날은 바다를 보기로 하였다. 여전히 이는 바람 속을 뚫고 자동차는 휘청거리며 북으로 달렸다. 속초에서 한 시간여 거리에 거진항이란 이정표가 보였다. 해변길로 접어들어 조그마한 해수욕장에 자동차를 정차시켰다. 자동차 문을 열자 기다리고 있기라도 한 것처럼 사나운 바람이 얼굴을 때린다. 아직도 털어버리지 못한 그 무엇이 있느냐며 사납게 따져 묻는 듯했다. 비장한 바람 때문에 정신이 번쩍 들었다.

이곳 지형을 잘 아는 일행이 파도를 일으키지 않은 것으로 보아 육지에서 이는 바람이라고 한다. 사람이 사는 세상에서 이는 바람이라는 말을 덧붙인다. 사람이 사는 세상에서 이는 바람 때문에 우리는 그렇게 넘어졌던 것이구나. 지내 놓고 보면 별거 아닌 서글픈 사실들 때문에 발이 묶여 뒤뚱거렸구나.

육지가 끝나고 바다가 시작되는 곳은 다치고 상한 이들에게 썩 잘 어울린다는 생각을 해 본다. 그곳은 결말과 새로운 시작이 있기 때문일 것이다. 오늘 이 해변에 거칠 것 없이 쏟아져 내리는 햇살 속에 젖은 가슴을 널어보기로 한다. 미시령에서 내리는 바람결에 시린 기억들의 꺼풀을 하나하나 벗기로 한다. 괴롭고 답답한 마음을 모두 내게 두고 가라고 이르는 그 언어도 섬세하게 읽어 내려고 한다. 굴곡 없고 아픔 지나지 않은 삶이 어디 있겠는가. 삶의 틈바구니에서 잠시 생겨났던 생채기들을 이제는 모두 미시령 바람에게 맡기고 한층 더 여물어진 인생을 얻어가고 싶다.

오후가 되자 사납던 바람은 언제 그랬냐는 듯이 어느새 꼬리를 감추었다. 우리는 바람의 집을 지나 사람이 사는 세상을 향해 다시 터널을 넘고 있었다.

하얀 동백꽃

지난 가을, 그녀에게서 한 통의 문자가 날아왔다. 연말 안으로 한 번 내려올 수 없냐는 것이다. 곧 가겠다고 대답은 하였으나 약속을 지키지 못해 늘 마음에 돌덩이 하나 얹어 놓은 듯했다. 연말을 훌쩍 지나자 마음이 불편해져 더는 미룰 수가 없었다. 부리나케 버스표부터 예매하고 내일 간다고 문자를 보냈다.

그렇게 2년 만에 다시 통영을 온 것이다. 그녀가 운영하는 아동복 가게는 네거리가 훤히 내다보이는 곳에 자리하고 있다. 급한 걸음으로 출입문을 밀고 들어가니 먼저 반려견이 몸을 사리면서 어리둥절한 눈빛으로 맞는다. 잠시 후 창백하지만 여전히 뽀얀 얼굴을 한 그녀가 의외의 명랑한 목소리로 반긴다. 자세한 상황은 모르겠지만 우선 병상에 누워 있지 않다는 것만도 안도가 되었다.

쉰을 조금 넘긴 그녀, 이제 인생의 반을 살았는데 지금껏 산 인생의 반도 순전히 고통과 싸우며 살아왔다. 매일 오전에는 병원에서 몰핀 성분 진통제를 맞고는 오후에는 가게에서 생활하며 혼신을 다해 버틴다. 저녁에는 반려견을 앞세워 퇴근한 후 수면제를 복용하고는 깊은 잠에 떨어진다. 점점 더 건강이 악화되면서 내일을 약속할 수 없다고 여겨지자 사람이 그리웠고 급기야는 나를 불러냈다고 한다.

이튿날 오후에는 두 달에 한 번씩 수면제를 처방 받는 부곡에 있는 한 병원을 다녀왔다. 통영에서 부곡까지는 한 시간 반이 걸렸다. 일종의 마약성분인 몰핀을 매일 투여해야 하는데 이곳에서 의뢰서를 발급받아야 한다면서 오늘은 보호자를 필요로 하였다. 의사와 상담하는 그녀 옆에서 나는 보호자로서 앉았다. 의사는 끝까지 환자의 말을 들어주며 고통을 헤아려 주려는 듯 보였다. 의뢰서가 나오고 처방전도 손쉽게 받았다. 때로는 습관성 약물이 될까 봐 처방을 꺼려서 애를 먹은 적도 있었는데 오늘은 수월했다면서 밝게 웃는다.

삼일째 되는 날 아침은 어제의 그 명랑한 얼굴은 어디에도 찾아볼 수 없었다. 두 번의 조제약을 먹고도 통증은 가라앉질 않았다. 아직 환자들이 오지 않은 이른 아침, 그녀는 적십자병원 침대에 쓰러지듯 누웠다. 시간이 지나도 통증이 멎지 않자 보호자가 되어 담당의사를 두 번씩이나 만나 몰핀주사 양을 늘려달라 간청했다. 의사는 효과가 나타나려면 조금 기다려야 한다면서 쉽게 처방을 내 주지 않았다. 그러면서 CT상에 췌장이 거의 보이지 않는다며 신경절단

술을 권했다. 이미 10번이나 시도를 했으나 실패했다고 했다. 그것도 서울에서 큰 병원에서 시도하였다고 했더니 그제서야 추가 처방을 내린다.

그녀는 미간을 찌푸리며 죽을 힘을 다하여 고통을 감내하고 있었다. 그야말로 죽음과 삶의 경계를 오가는 듯 보였다. 그녀는 지금 어느 시간을 건너가고 있는 것일까. 가슴이 먹먹해서 더 이상 곁에 있을 수가 없었다.

병원 앞마당으로 나왔다. 바닷가 마을이라 바람은 생각보다 찼다. 겨울 햇살이 솟아오르고 있었다. 햇살이 있는 곳으로 걸음을 옮기다 화단 쪽으로 눈을 돌렸다. 반짝이는 푸른 잎사귀 사이로 하얀 꽃이 눈길을 잡았다. 파리한 듯하면서도 청초한 꽃잎을 달고 있어 가만히 보니 하얀 동백꽃이었다. 붉은 동백은 보아왔으나 하얀 동백은 처음이었다. 희귀한 꽃색에 마음이 더욱 끌렸다. 한겨울에도 꽃가지를 하늘로 꼿꼿이 세우고 저토록 뽀얀 꽃을 피우고 있다니 강인한 생명력에 잔잔한 감동이 일었다. 한동안 그 뽀얀 꽃잎을 들여다보고 있는데 그녀의 파리한 얼굴이 겹쳐지면서 참아두었던 눈물이 결국 흐르고 말았다.

열 번의 주사를 맞고 통증이 겨우 멎었다. 어제보다 두 번을 더 투여했다고 한다. 마치 죽음의 마법에서 놓여난 듯 애써 희미한 미소를 짓는다. 여리디 여린 몸에서 어떻게 저런 강인한 생명력이 생겨

날까. 그런 그녀를 바라보자니 내 눈시울이 점점 매워졌다.

햇살이 빛나는 거리로 나왔다. 죽음의 마법에서 놓여난 그녀는 삶의 세상으로 돌아와 빛나는 희망이라도 맞을 듯 바삐 걷는다. 질긴 고통과 마주하면서 수없이 오갔을 그 거리를 아무 일 없었다는 듯 걷더니 어느 옷가게로 들어갔다. 단골집이라면서 이 옷 저 옷을 골라 내게 입어보라고 한다. 무슨 엉뚱한 일이냐고 말렸지만 막무가내다. 하얀 쉐타를 입혀 놓고는 제일 어울린다고 한다. 평소 입던 취향은 아니었지만 방금 본 하얀 동백꽃 물색을 닮아 있어 맘에 들었다. 털이 보송보송 나 있고 감촉도 매우 부드러웠다. 그녀도 가슴에 큰 별모양이 있는 역시 동백꽃 물색을 닮은 하얀색 니트를 골랐다.

옷값을 계산하면서 내게 해 줄 것이 있어 오늘은 참으로 행복한 날이라고 한다. 그 말을 듣자 내 머릿속은 하얗게 비워지고 있었다. 오늘 같은 날, 죽음 같은 고통을 맛보았을 텐데 행복이라니, 어떤 말로 대답을 해야 할지 몰라 몹시 당혹스러웠다. 결국 변변한 말 한마디를 제대로 못한 채 서울로 올라오고 말았다.

그렇게 남쪽 끝 바닷가 마을에서 미소라는 유기견을 분양받아 서로 온기를 나누며 홀로 살고 있는 한 여자가 있다. 오전에는 진통제를 저녁에는 수면제를 먹으며 그날그날을 연명하고 있지만 그래도 아직은 넉넉히 행복하다고 한다. 자신에게 마치 마법이라도 걸듯 행복하다고 하는 그녀를 보면서 가슴이 한참 동안 아려왔었다. 그러면서 내 삶은 행복에 대해 얼마나 인색했는가 수없이 되돌아보게 했다.

오늘도 컴퓨터를 켜면 바탕화면에 병원 화단에 피어 있던 하얀 동백꽃이 환하게 눈인사를 한다. 한겨울에 강인한 생명력으로 피어난 하얀 꽃을 바라보며 질긴 고통을 마주하면서도 뽀얗게 웃던 그녀를 생각한다. 그러면서 지금껏 그래왔던 것처럼 강인한 생명력으로 빛나는 희망을 결코 놓지 않길 간절히 기도한다.

따개비의 일생

제부도 매바위에는 설연휴를 맞아 많은 사람들로 붐볐다. 오전에 일찌감치 물러난 바닷물은 저만치서 서성거리고 있고 바다 가운데 우뚝 솟은 세 개의 커다란 바위가 볼수록 기묘했다. 장구한 세월이 보태지면서 바람과 파도가 만들어낸 자연의 걸작품이었다. 그런데 가까이 다가가니 바닥에 검은 돌들이 지천이었고 그 위로 끝도 없이 굴껍데기들이 다닥다닥 붙어 있었다. 그 모습이 마치 돌 위에 피어난 아름다운 꽃과 같았다. 그래서 굴이 돌에 붙어 있는 모습을 보고 석화라는 이름으로 부르고 있는 듯하다.

석화들이 살아있으려나 하고 껍질을 두드려 보았다. 그러자 딱딱해 보이던 껍질이 부서지면서 굴 특유의 우윳빛 살결이 모습을 드러냈다. 입안에 넣었더니 짭조롬한 바다 맛이 물씬 풍겨났다. 그야말로 바다를 통째로 입안에 넣는 기분이었다.

그런데 석화만 있는 것이 아니었다. 단단한 삿갓모양으로 생긴 따개비라는 놈들의 개체 수도 엄청났다. 이곳은 조석간만이 하루 두 번씩 일어나는 조간대이다. 바닷물이 밀려나면 혹독한 태양이나 매서운 추위를 견뎌내며 살아야 하는 환경에 이렇게 많은 생물들이 살아 있다니 놀라웠다. 단단한 석회질로 온몸을 감싸며 살아가는 모습이 질긴 눈물을 보는 듯했다.

흰줄따개비가 잔뜩 붙어 있는 작은 돌멩이를 하나 집어 들었다. 단단한 껍질이 얼마나 날카로운지 한 놈을 돌에서 떼어보려고 애를 썼으나 침묵의 항변이라도 하는 듯 꼼짝을 않는다. 높은 파도와 출렁이는 바닷물을 감당해야하기 때문에 이리도 단단히 붙어 있어야 하나 보다. 석화와 마찬가지로 유생일 때는 바닷물에 떠돌아다니다가 몇 번 허물을 벗은 후 다시 두 개의 껍데기를 가진 유생으로 탈바꿈한다. 그러면 바위에 석회질을 분비하여 붙은 후 더 이상 이동하지 않고 일생을 지낸다.

그런데 사람들은 석화가 널려 있는 것을 보면서 신기해 하는데 곁에 있는 따개비는 돌아보지도 않았다. 나는 소외당하고 있는 따개비에게 어느새 호기심과 애정이 일어나기 시작했다. 울릉도에서는 따개비로 음식을 만들어 먹는다고 하는데 이는 배말이라는 삿갓조개라고 한다. 우리가 흔히 보는 따개비는 바위나 배밑 심지어 고래나 거북이에게도 붙어 있고 사람의 살갗을 파고들어 뼈에 잔뜩 달라붙어 기생한다는 섬뜩한 괴담도 있다. 사람의 몸 속에는 따개비들이 살 수 있는 염분의 농도가 부족한데도 말이다. 이렇듯 여전히 홀대를 받으면서도 많은 개체들이 세상에 나와 있는 것을 보면 어딘가 그 존재 이유가 있지 않을까 싶었다.

따개비는 고생대부터 생겨났는데 기생생활을 하는 종이 많다고 한다. 그중 주머니벌레라는 따개비는 게의 생식기에 기생하여 자신의 알을 돌보게 한다. 그리고는 심지어 내분비를 교란시켜 수컷 게를 알을 더 잘 돌볼 수 있는 암컷 게로 바꾼다고 한다. 원래 게들은 다리가 끊겨도 재생이 가능한데 따개비에게 감염되면 불가능하게 된다. 그야말로 기생따개비로서의 역할만하게 된다.

그런데 기생물들의 입장을 옹호하는 사람들은 자신의 알인 양 돌보고 있는 기생따개비인 게가 '행복한 숙주' 라는 것이다. 게 입장에서 보면 이보다 더 혹독한 말이 어디 있을까. 하지만 인간의 삶의 기본적인 배경 역할을 하는 하나의 생물의 종으로 보자는 데에는 공감이 갔다. 또한 생물의 다양성을 확대시키는데 일조를 하고 있으며 우리 주변의 생명현상을 이해하는데 큰 도움을 주고 있다는 의견에도 수긍이 갔다.

이러한 이유들이 그의 존재 이유를 더욱 두드러지게 한다는 생각에 따개비를 알면 알수록 점점 더 정감이 갔다. 기생물이라고 단순히 나무라기에 앞서 극한 환경에서도 개체수를 불리면서 살아가고 있는 이들의 꿋꿋한 생명력에도 박수를 보내고 싶어졌다. 여간한 파도에도 끄덕하지 않을 튼튼한 집을 만들고, 냉혹한 환경을 피하지 않고 온몸으로 받아내며 생명을 일구어가는 그 일생이 오히려 눈물겨워 보였다. 하찮다고 그의 존재를 무시하거나 소외시키는 것은 인간의 오만이 아닐까. 따개비의 일생을 보면서 앞으로 나도 어쩌면 세상에 있는 모든 기생물들의 옹호론자가 되지 않을까 하는 생각도 들었다.

어느새 오후의 햇살을 받으며 바닷물이 두런두런 밀려오고 있었다. 바닷물 소리와 함께 조간대에 사는 생물들의 기지개 켜는 소리가 어디선가 들리는 듯했다. 이 혹한 환경 속에 사는 모든 생물들이 꿋꿋하게 생명을 일구어주길 바라며 매바위를 천천히 돌아나왔다.

전화 이야기 외2편

김 의 배

saesaem@hanmail.net

대학에 다니던 60년대 초에 일반 가정엔 전화가 없었다. 졸업 후 군에서 전역한 뒤에도 마찬가지였다. 60년대 말에 중학교에 발령받아 근무할 때도 그랬다. 선생 중에도 전화 있는 이는 드물었다.

한 반 70명의 학생 중에 전화 있는 학생은 다섯 명을 넘지 못했다. 자가용 있는 학생은 한두 명 있을까 말까 했다. 학년 초에 선생들은 환경조사서를 보며 자기 반에 승용차 있는 학생이 있는가, 전화 있는 학생이 몇인가로 학생들의 가정환경을 가늠할 정도였다.

69년에 서울 시내 중학교 평준화가 되어 추첨으로 학생을 배정했다. 당시 대통령 아들이 배문중학교에 배정됐는데, 영부인이 학교에서 담임선생과 상담 후에 선생에게 전화번호를 물었는데 그는 없다고 했다. 그날 퇴근하니 전화가 놓였더라는 것이다. 그만큼 당시엔 전화가 귀한 시절이었다.

전화기는 먼 거리란 텔레(tele)와 목소리를 뜻하는 폰(phone)의

조합어로, 이를 발명한 사람은 스코틀랜드 출신 미국인 과학자이자 발명가인 알렉산더 그레이엄 벨로 1876년에 미국에서 특허를 취득했다.

61년엔 국산전화기 '체신 1호'가 나왔고, 62년부터 빨간색 공중전화가 다방에 등장했다. 당시엔 회선이 부족하여 전화 가입이 어려웠던 시절에, 사용권을 양도할 수 없도록 한 청색전화와 번호를 팔고 살 수 있는 백색전화 제도가 있었다. 당시 교사의 봉급이 2~3만 원 할 때, 수백만 원인 백색전화는 부자들의 전유물이었다. 전화기 한 대 값이 웬만한 집 한 채 값이었다. 80년대 중반까지는 전화가 부의 상징이었다. 이렇게 전화를 놓을 수 있는 권리에 프리미엄이 붙어 거래되었던 현상은 86년에 우리 기술로 만든 자동식 전자교환기가 나오면서 사라졌다. 80년대의 격변기를 거쳐 기술의 발전으로 전화를 돌려주던 교환원도 사라졌다.

90년대에 무선호출기 삐삐가 등장하여 열풍이 일었다. 처음엔 의사나 국가기관요원들이 사용하는 기기였으나 음성사서함 서비스가 제공되고 디자인이 다양화되면서 '졸업선물 1위'에 오를 정도였다. 당시 압구정고등학교에서 근무할 때에 좀 여유 있는 이들이 혁대에 삐삐를 차고 다녔다. 상담실 주임교사는 자기 동생에게서 삐삐가 왔는데 거기에 대고 "여보세요?" 하고 말했더니 응답이 없더라고 했다. 선생들이 허리를 잡고 깔깔댔다. 삐삐는 지금의 휴대폰처럼 직접 통화하는 게 아니고 삐삐 소리가 울리며 번호가 뜨면 그 번호로 공중전화나 유선전화로 걸어 통화했다. 그 시대에 교장이 150만 원짜리 선물 핸드폰이라며 자랑하던 기억이 있다.

88년에는 1,000만 가입자를 기록하며, 온 마을 사람이 함께 썼던 공중전화가 자동화를 거쳐 1가구 1전화시대로 진화했고 지금은 전국민 스마트폰 시대가 되었다.

우리나라에 근대 통신이 들어온 것은 고종 22년이다. 1885년 9월에 세종문화회관 옆자리에 한성전보총국이 문을 연 지 올해로 131년이 되었다. 그 뒤 1896년에 왕실 궁내부에 최초로 자석식 전화가 개통됐다. 당시 전화는 영어 텔레폰(telephone)을 음역한 '덕률풍(德律風)'으로 표기했는데 고종은 그것으로 직접 칙교를 내리는 일이 많았다고 한다. 고종이 퇴위한 후 순종은 매일 전화로 아버지에게 문안 인사를 올렸다고 한다.

그 후 휴대폰이라 하여 접이식, 미는 식 등 폴더폰이 나오더니, 2009년에 스마트폰이 나와 사람마다 전화기를 휴대하고 다니니, 그 많던 공중전화 부스가 사라지고 있다. 점점 진화하여 두께는 얇아지고 크기도 작아져서 많은 사람의 사랑을 받고 있다.

스마트폰이 계속 진화하여 편리한 시대가 되었다. 녹음은 물론 사진이나 동영상을 찍고 볼 수 있으며 화상통화도 하고 길 안내도 받으니 얼마나 발전했는가. 폰뱅킹으로 돈도 송금하고 지하철을 타고 참으로 편리하다. 인터넷도 하고 그것으로 많은 정보를 공유하고 있다. 앞으로 어디까지 진화할 것인지.

한 번은 충무로에 모임이 있어 갔는데 가서 보니 휴대폰을 집에 두고 온 것이었다. 전화기만 믿었는데 없다고 생각하니, 갑자기 당황스럽고 멍해졌다. 모임 장소를 찾을 수 있는 다른 방법이 없었다. 여기저기 음식점에 들러 묻다가 그냥 되돌아오고 말았다. 그 안에 모든 정보가 저장돼 있으니 없으면 꼼짝 못 하는 시대가 되었다. 전에는 가까운 친지의 전화번호를 외우고 있었는데 요즘엔 전화번호를 외울 필요가 없다. 어떤 이는 자기 집 전화번호도 외우지 못한다고 했다.

스마트폰에 모두 저장해놓고 그것만 들고 나가면 된다. 참으로 편리하고 살기 좋은 세상이다. 그런데 이러한 문명의 이기에 의존하다 보니 자칫 기기의 노예가 되지 않을까 걱정스럽다.

가을 산에 가면

'가을 산에 가면 사촌네 가는 것보다 낫다' 는 속담이 있다. 옛 선인들의 말씀이 지혜롭다. 아버지의 형제와 나는 3촌이며 아버지의 조카와 나는 4촌이니 매우 가까운 사이다. 옛날 대가족제도에서는 한집에서 살기도 했다. 그런데도 '사촌네 가는 것보다 산에 가는 게 낫다' 고 했다.

사촌네 가봐야 그다지 반기지도 않을뿐더러 뭔가 받는 것도 없는데, 가을 산에 가면 밤, 대추, 머루, 다래, 등 먹을 것들이 있으니 하는 말일 것이다. 그러니 가을 산에 가는 게 사촌네 가는 것보다 백 번 낫지 않겠는가. 가을 산에는 그만큼 풍요로움이 있어서일 것이다.

부모님 모시고 나도 다음에 가려고 사놓은 양평의 산에 대추나무, 배나무, 밤나무, 매실나무, 구기자나무를 심었다. 배나무는 거름이 약해서인지 돌배로 변하고 제대로 열지도 않으며 병충해가 심해서 베어버렸다. 다른 나무는 잘 자라서 열매가 제법 열렸다. 매실도 많이 열려 따다가 매실주를 담갔다.

올해엔 음력 윤구월이 있어 추석이 빨리 왔다. 그래서 추석이 지난 일주일 뒤에 산에 가보니, 밤도 대추도 덜 익었는데, 먼저 익어 떨어진 것만 조금 주워왔다. 덜 익은 걸 놔두고 왔다가 이주일 뒤에 가보니, 누군가가 대추는 다 따가고 밤은 그래도 남아 있었다. 몇 개 남은 대추와 떨어진 밤을 주웠다.

대추를 따간 이는 양심도 없었나 보다. 아무리 산에 있는 대추라도 엄연히 주인이 있거늘 그것을 따가는 이는 마음이 편했을까. 그렇게 남의 과일이 탐났단 말인가.

옛말에 '대추를 보고 안 먹으면 늙는다.' 라는 말이 있다. 대추나무에 빨간 대추가 먹음직스러워 한두 개 따 먹으며 했던 말일 것이다. 그런데 몇 개 따먹는 거야 누가 뭐라 하겠는가. 남의 대추를 주인의 허락 없이 모두 따간 건 너무 심했다고 생각된다. 분명히 주인이 따러 올 건데 오기 전에 먼저 다 딸 때, 마음은 얼마나 불안했을까? 양심은 없고 흑심만 가득했나 보다. 따가더라도 주인 몫도 조금은 남겨두었으면 좋았으련만, 어쩌면 그리도 알뜰히 따갔는지….

나 어릴 때는 서리라 하여 남의 것을 따다 먹어도 눈감아 줬는데 요즘엔 주인 허락 없이 남의 물건에 손을 대는 것이 허용되지 않는다. 그만큼 시대가 많이 변하여 아련한 추억이 되었다. 대추를 전부 따간 걸 봤을 때 매우 허탈했다.

종이컵에 구멍을 뚫어 흙을 채운 뒤 호박씨를 두어 개씩 묻어놓고 수주일 간 물을 주며 옥상에서 키웠다. 비가 온다는 일기예보에 맞춰 초여름에 산에 옮겨 심었다. 해마다 늙은 호박을 여남은 통씩 따다가 호박 즙을 내고, 호박 꼬지도 만들어 호박떡도 만들었는데 올해엔 누가 따갔는지 세 개밖에 없다. 호박잎도 데쳐서 쌈 싸 먹으면 맛있는데 그것도 따갔다.

구기자도 빨갛게 익으면 구기자주를 담그고 구기자차를 만들었는데, 올해엔 많이 열리지 않은 건지 누가 따갔는지 별로였다. 구기자 잎은 나물로도 일품이다.

우리 산에는 커다란 산밤나무도 몇 그루 있다. 작년에는 두 남녀가 배낭을 메고 와서 줍는 걸 봤다. 올해엔 아직 다녀가지 않았는지 많이 떨어져 있었다. 다람쥐와 청설모도 주워가는데 요즘엔 녀석들도 오지 않았는지 그대로 있다. 대추는 못 땄어도 알밤은 많이 주웠다. 나뭇가지로 낙엽을 헤치면 알밤이 "나 여기 있어요." "나도 있어요." 하면서 여기저기서 붉은 얼굴을 내민다. 정신없이 주웠더니 어느새 자루에 가득했다. 벌레 먹은 것도 있지만, 성한 것이 훨씬 많았다. 도토리도 여기저기서 "저도 있어요. 도토리묵도 맛있어요. 저도 데려가 주세요" 하고 손짓한다. "그럼, 너도 별미지" 하면서 그 녀석도 보이는 대로 주워 담았다.

'도토리는 놔둬야 다람쥐의 먹이가 될 텐데…' 하면서도 주웠다.

청설모가 따놓고 가져가지 못했는지 커다란 잣송이도 있다. 그것도 담았다.

가을 산에는 둥굴레 차도 있고 취나물 열매도 있었다. '가을 산에 가면 사촌네 가는 것보다 낫다' 는 말은 그냥 나온 말이 아닐 것이다. 풍요로운 수확의 계절, 이 가을엔 산에 가 볼 일이다.

사촌이 땅을 사면

'사촌이 땅을 사면 배가 아프다.' 는 속담이 있다. 사촌이 땅을 사면 축하해 줄 일인데 왜 배가 아플까? 그건 경제적으로 어렵던 시절의 경쟁의식에서 이런 말이 나온 건 아닐까? 요즘같이 물질이 풍부하고 생활이 여유로웠다면 그런 속담은 생기지 않았을 거란 생각이 든다. 어쩌면 경쟁심만 있고 우애가 없는 집안에서 생겼는지도 모르겠다. 아니면 인간에겐 기본적으로 무한 질투심이 있었는지도 모른다.

충남 예산엔 '의좋은 형제' 의 실화가 있었다고 한다. 형제간의 우애를 보여주는 좋은 예라 하겠다. 형은 분가한 아우네 형편이 어려울 거라며 자기네 볏단을 밤에 몰래 져다가 아우네 볏가리에 세우고, 아우는 부모님 모시고 사는 형네가 더 어려울 거라며 형네 볏가리에 자기네 볏단을 갖다 세웠다. 그러다가 달밤에 중간에서 서로 만났다는 이야기는 많은 사람에게 감동을 주었다. 남자 형제끼리는 우애가 돈독할 수도 있을 것이다. 한 부모에게서 태어났으니 그럴 수도 있겠다. 하지만 결혼하면 달라질 수도 있을 것이다.

한번은 부모님의 유택(幽宅)을 구하려고 아내와 함께 고향에 간 적이 있었다. 부동산 중개인과 사촌형을 다방에서 만났는데, 내가 중개인에게 줄 담배를 사러 나갔을 때 사촌형이 그에게 "우리 사촌은 서울에서 부자로 돈이 버글버글하니 술도 좋은 거로 드시고 점심도 비싼 거로 드세요" 하더란다. 그리고 산소 자리라고 보여주는데 내가 보기엔 영 아니었다. 그런데도 사촌은 나에게 이곳이 명당 자리라며 사라고 권했다.

족보를 새로 만들어 올 때도 사촌형은 내겐 말하지 않았다. 그때 큰아버지께서 나에게 족보를 모시라고 귀띔해 주셨다. 형은 내가 소유하기를 은근히 바라지 않는 눈치였다. 큰아버지 덕에 그것을 마련할 수 있었다.

수년 전 아내가 가을에 고향으로 도조를 받으러 갔었다. 소작인에게 갔더니 사촌 형이 식전에 와서 받아갔다고 하더란다. 사촌네로 갔더니 벼 타작을 하는데, 사촌 시숙은 일꾼들에게 짜증을 내며 바쁘게 일해서 말을 걸기도 어렵더란다. 이제나저제나 주기를 기다리다가 해는 뉘엿뉘엿 서산으로 기울고 서울행 막차 시간은 부득부득 다가와서 도조를 달라고 했단다. 도조는 무슨 도조냐며 딴청을 부려서 "아침에 아무개 씨네 갔더니 서방님께 줬다고 하데요. 어서 주세요. 해가 다 갔어요" 하니까 그때야 "어, 그랬나?" 하면서 뒷주머니에서 꺼내 주더란다. 오리나 되는 버스 정류장까지 허둥지둥 뛰어가다가 구두 뒷굽이 빠져서 벗어들고 맨발로 뛰어가 겨우 막차를 탈 수 있었단다. 밤늦게 온 아내는 몹시 속상해 했다.

당질부가 "당숙모님, 떡 잡수세요. 어제저녁에 할아버지 제사 지냈어요" 하며 떡을 주는데, 사촌 형수는 시치미를 뚝 떼더란다. 큰어머니는 조카며느리에게 풋팥과 감을 따주라고 사촌 시숙에게 말하는데, 그는 주먹을 쥐어 보이며 "서울엔 이보다 더 큰 감이 얼마든지 있습니다" 하며 눈을 크게 뜨더란다.

큰어머니, 큰아버지와 조카 사이는 삼촌 간으로 조카에겐 자식 같은 내리사랑이 있지만, 한 촌이라도 멀고 대등 관계인 사촌 간엔 보이지 않는 벽과 경쟁심이 있나 보다. 그래서 무얼 주고 싶지도 않지만 잘 되는 게 배가 아플지도 모를 일이다.

시대가 변하고 경제도 좋아진 요즘엔, 사촌이 땅을 사도 배가 아프지 않고 진정으로 좋아하며 축하해줄 수 있는 사람이 진정으로 부유하고 행복한 사람이 아닐까.

갑오년을 지내며

김 준 태

juntaekim21@hanmail.net

내가 갑술년 생인데 금년이 갑오년이다. 갑오년과의 인연을 굳이 따져보자면 62년 전 내가 고등학교를 졸업하던 해가 갑오년이었으니 62년이 되었다.

재경고등학교 방직과 동창 모임이 갑오회다. 당시 권이홍 회장이 우리 모임을 갑오회라 하자하여 정한 이름이다. 고등학교 졸업 후 뿔뿔이 헤어졌다가 20여 년 전쯤에 서울에 있는 친구들끼리 수소문하여 10여 명이 모였다. 그때 재경 방직과 동창회를 정례화하자 하여 결성되었는데 그 모임이 지금까지 이어진다.

62년 전에는 연호를 단기로 사용했다. 그래서 우리는 졸업년도를 물으면 4287년이라 했다. 중학교 3학년 때 6 · 25 동란을 겪었고, 고등학교 졸업을 하고 대학에 진학을 못하면 징집영장이 나와 군에 입대해야 했다. 그러다 보니 너나없이 대학진학을 많이 했다. 이렇게 나라가 어수선할 때라 학교에 다니다 보니 공부를 열심히 하지 않았다.

그해 나는 부산으로 피난 가 있는 연희대학교 상과에 응시했다가 낙방했다. 부산에 사촌형이 상의군인으로 정양원에서 연대 법과에 다니고 있어 그 형 영향을 받았다. 낙방 후 형한테 의지하고 부산에서 영어 학원에 몇 달간 다녔다. 부모를 떠나 처음으로 타향살이를 해 봤는데 그 몇 달 동안 고향이 얼마나 그리웠는지 모른다. 달밤이면 달을 보며 "고향생각, 타향살이 몇 해던가, 고향이 그리워도" 등 고향 노래를 부르며 얼마나 눈물을 흘렸던가. 아니나 다를까 징집 영장이 나왔다는 연락이 왔다. 고향에 돌아왔는데 군에 입대하기가 정말 싫었다. 어떻게 안 갈 방법이 없는가 생각하고 있는데 마침 초급장교 모집 공고가 나서 부랴부랴 서류준비를 하여 접수하고 입영을 연기했다. 초급장교 시험에도 낙방을 해 다행히 그해 징집은 면했지만 재영장이 나올까 봐 얼마나 가슴 조이며 지냈는지 모른다. 이렇게 62년 전 갑오년 이후의 일들이 생생이 떠오른다.

어느덧 갑오년을 지내고 나니 세월이 무상하다는 느낌이 든다. 세월이 너무 빠르게 지났다. 62년 전의 갑오년은 꿈과 희망이 있었다. 대학에 들어가야겠다는 일념으로 공부도 열심히 했고 미래에 대한 꿈도 있었다. 재학 중에 군에 입대하여 병력의 의무도 마쳤다. 소 팔고 논 팔아 학비를 마련하시느라 고생하신 부모님께 보답하는 길은 좋은 직장에 취직을 하는 일이라서 그 문제를 해결하려고 나름

대로 열심히 했다.

혼기가 되어 결혼도 했다. 가정을 꾸리고 나니 셋방살이만 전전할 수 없어 집이라도 한 칸 마련하고자 절약을 할 수밖에 없었다. 그러다 보니 부모님께 용돈 한 번 넉넉히 드리지도 못했다. 자식을 낳아 기르고 가르치다 보면 부모님에 대한 관심은 점점 멀어지고 무심한 세월은 흘러 부모님은 돌아가셨다. 생각해 보면 우리는 대를 이어 부모님들의 전철을 밟으며 살아가고 있다. 아들딸 교육시켜 직장 잡고 결혼해서 손자손녀를 낳아 손자들이 성장하여 대학에 들어가고 줄줄이 중고등학교에 다니는 손자 손녀들을 보면서 나는 새로운 갑오년을 맞은 것이다.

지난 62년이 그래도 꿈과 희망을 갖고 살아온 해였다면 앞으로 다가올 갑오년은 기대할 수도 없지만 갑(甲)자로 시작하는 해를 맞겠다는 것도 욕심이다. 80이 넘은 나이에 비전이나 희망이 있겠는가만 건강하게 살다가 잠자듯이 갔으면 하는 게 바람이다.

한 고향 마을에서 태어나 초등학교를 같이 다니던 죽마고우가 여섯이 있었다. 네 사람은 고인이 된지 오래고 나와 한 친구가 살아 있는데 그도 병원신세를 지며 살고 있다. 그러니 지금까지 살아 온 것만으로도 고마운 일이다.

내가 알던 법조인 문인 중에 아주 건강하신 분이 계셨다. 그가 81세 때 쓴 수필 중에 '八十一'을 합자를 해 보니 절반 '半' 자가 되더라며 자긴 인생의 절반을 살았다고 호언하셨는데 85세에 작고하셨다. 이렇게 건강에 자신 있어 하시던 분도 5년을 못 넘기고 가시는데 병원에 들락거리며 사는 내가 꿈이 어떠네, 비전이 어떠네 말한다는 것 자체가 과욕이다.

이 나이에 하루하루를 건강하게 사는 것만도 감사한 일이다. 그런데 요즘 아내가 급작이 건망증이 심하다. 우리나라 여자의 평균 수명이 팔십 중반인데 여든도 안 되어 치매기가 있다니 걱정이다. 병원에는 다니고 있지만 진행 속도가 빨라지는 것 같아 안타깝다. 손자손녀들이 대학에 들어가는 것도 보고 시집 장가가는 날 폐백을 받으면서 신혼여행 잘 다녀오라며 여행비도 두둑히 쥐어주는 할애비 모습을 보여주고 싶은데 그것이 욕심이라는 것을 안다. 지금까지 살아 온 것만도 충분히 감사한 일이니 담담히 뜻 있게 보내련다.

호구와 빈대 외 3편

이 하 림
harim4u@lycos.co.kr

동문모임을 끝내고 계산대에서 식비를 지불하려는데 앞에 선 두 남자가 서로 실랑이를 벌이고 있었다. 한 남자는 매번 본인이 샀으니 이번에는 친구한테 사라는 것이었고, 다른 한 남자는 돈이 없다며 계산을 하지 않으려 버티고 있었다. 결국 매번 샀다던 남자가 주머니에서 지갑을 꺼냈다.

집에 돌아와 TV를 켜니 예능프로그램이 방영되고 있었다. 절친으로 알려진 두 개그맨이 학창시절 이야기를 하면서 당시 자신은 호구였고 친구는 빈대였다며 박장대소했다. 한 명은 그런대로 잘 살아서 별 어려움 없이 학교를 다녔는데, 그의 친구는 꿈이 있어 시골에서 상경했지만 너무 가난해 아르바이트를 하며 어렵사리 학교를 다녔다고 했다. 밥값을 대주는 것은 물론 옷까지 니옷내옷 없이 입다보니 자연스럽게 그런 관계가 되었다는 것이다.

우리는 흔히 만만한 사람을 비유적으로 일컬어 호구라 하고, 염치

없이 남에게 빌붙어 득을 보는 사람을 빈대라 한다. 빈대는 지독한 냄새를 풍기며 사람의 몸에 착 달라붙어 피를 빨아먹는 곤충이니 비유의 의미를 얼른 이해하지만, 호구는 한자어 범 호(虎)와 입 구(口)를 쓰는데 선뜻 와 닿지 않는다. 다만 사전적 의미를 보면 범의 아가리 또는 바둑 용어이며, 어수룩하여 이용하기 좋은 사람을 비유하여 이르는 말이라고 되어 있어 그러려니 한다. 하지만 이러한 말은 주로 남성들 사이에서 오고가는 편이라 여성들은 잘 사용하지 않는다. 그런데도 내 가슴은 뜨끔하다.

지난 달 커피숍에서 친구들을 만났다. 두 친구가 커피값을 서로 내겠다고 했다. 아무생각 없이 나는 백수니까 그럼 사 줘 했더니 한 친구가 그럼 백수 아닐 때는 좀 사봐 라고 한다. 그 자리에서는 아무런 내색도 할 수 없었지만 집으로 오는 내내 찔리는 구석이 있어 얼마나 미안하던지 자신을 돌아보게 되었다.

바쁘게 살다보니 나는 몇 개의 단체에 적을 두고 있을 뿐 친구가 많지 않은 편이다. 단체 모임에서 소요되는 경비는 거의 공금으로 지불해서 사는 자와 빌붙는 자의 관계를 전혀 상상도 해본 적이 없다. 그러나 "좀 사봐"라며 내게 말했던 친구와의 관계를 되돌아보니 나는 그녀와의 개인적인 만남에서도 대부분 뒷짐을 지고 있었다. 친분이 두텁다는 이유로 그녀의 배려를 너무나 자연스럽게 당연하다는 듯 받아들이고 있었으니 그 친구에게 있어 나는 분명 빈

대일수도 있었다.

가끔 나와 이웃 언니를 불러내 밥 한 번 먹자거나 차 한 잔 마시자고 하는 지인이 있다. 그러면 나와 언니는 오늘은 내가 살게 하며 계산을 하곤 했다. 사실 오늘은 내가 살게라는 말 속에 다음에는 네가 사길 바란다는 의미가 들어있다. 그러나 정작 밥 한 끼 먹자고 불러낸 그 지인은 생활이 어려운 사람이 아닌데도 빈손으로 나온다. 지갑을 아예 가지고 나오지를 않는다. 그런 사람이기에 우리는 시간이 없다는 핑계로 식사자리를 피하기도 한다.

한 번은 식당에서 일행들과 점심을 먹고 있는데 아이들을 대동하고 지갑 없는 그가 들어왔다. 식사가 끝난 뒤 계산대에 섰는데 그가 바로 뒤따라와 서 있었다. 우리 일행 중 한 분이 함께 계산하겠다고 하니까 사양은커녕 감사하다는 말을 하고 가버렸다. 이러한 일이 한두 번이 아니고 금전적인 문제까지 깔끔하지 못해 일행들은 뒷모습에 대고 '빈대도 낯짝이 있지' 라는 말이 참 잘 어울리는 사람이라며 수군거렸다. 이 얼마나 얄미운 마음이 함축되어 있는 말인가. 그날 양손에 아이들을 데리고 가는 그의 모습이 아주 초라하고 작게 보였다.

때로는 본의 아니게 상대에게 민폐를 끼치는 사람이 되기도 하고 배려하는 사람이 되기도 한다. 하지만 자신이 호구로 이용당하고 있다는 것을 뻔히 알면서도 친구를 배려하고 후배를 배려하는 사람은 화로에서 잘 달궈진 돌처럼 참으로 마음이 따뜻한 사람이다. 어쩌다 나의 호구가 되었던 친구가 그렇다. 이젠 나도 그 친구에게 호구 같은 사람이고 싶다. 빌붙는 사람이 아닌 어수룩하여 이용하기 좋은 사람이고 싶다. 내일은 고마움을 한아름 안고 그 친구를 찾아가 맛난 식사와 차를 대접해야겠다.

소화불량

지난 설 명절 내내 과식을 했더니 단단히 탈이 났다. 꺽꺽대며 가슴도 답답하고 머리가 지끈지끈하다. 나는 사상의학에서 말하는 소음체질이라 그런지 평소 소화기능이 약한 편이다. 그래서 가능한 음식을 꼭꼭 씹어 천천히 먹으려 노력하지만 타고난 성격이 예민하고 급해서 실천하는 것이 여간 어려운 게 아니다. 이로 인해 걸핏하면 병원을 찾아 약을 챙겨 먹고 증세를 달랜다. 그런데 이번에는 내성이 생겼는지 보름이 지났는데도 약의 효력이 미진하다.

창피한 얘기지만 어쩌다 어려운 식사자리라도 초대를 받으면 진땀을 뺄 때가 있다. 분명 천천히 먹고 있다고 자신은 생각하지만 주변을 한 번 둘러보면 다른 사람은 반도 못 먹었는데 나는 숟가락을 놓기 직전이다. 그때부터는 바짝 신경을 쓰고 눈치껏 물 컵을 들었다 놓았다 하다보면 얼추 분위기에 맞게 식사를 끝내게 된다. 이런 날은 여지없이 체한 증상이 나타난다.

오늘도 소화를 위해 운동 삼아 집안을 서성거리다 보니 눈에 들어

오는 것이 있다. 안방 양 벽면을 꼭 맞게 채운 책꽂이다. 자리를 분양받은 책들은 나란히 서 있지만, 집 없는 책들은 크기와 장르를 무시한 채 이중삼중으로 빼곡히 누워 있다. 글을 쓰면서부터 하나둘씩 늘어난 책이 바닥은 물론, 식탁, 베란다까지 쌓이게 되어 콩나물시루가 따로 없다. 갑자기 봐야할 책이라도 찾으려고 하면 처음부터 끝까지 모두 훑어봐야 하니 찾기도 전에 지치고 만다.

만성소화불량이다. 이번 기회에 단호한 처방을 내려야겠다는 생각이 들었다. 쇠뿔도 단김에 빼라했던가. 팔을 걷어붙이고 먼저 맹렬한 추위를 불사하고 현관문과 창문을 활짝 열었다. 그리고 모든 책을 꺼내 장르별로 구분해 한쪽으로 쌓아놓은 다음 켜켜이 내려앉은 책장의 먼지를 털어 자리배치를 다시 했다.

전공서적, 소설류, 수필집, 시집, 기타로 분류해 정리를 했다. 같은 책이 두 권이상이면 한 권만 남기고 빼냈다. 매월 유입되는 각종 잡지 및 문예지와 자료로 쓰기 위해 모아두었던 다양한 용도의 A4 복사물도 과감하게 퇴출시켰다.

너무 오래된 책도 여지없이 자리에서 밀어냈다. 특히 사십 년이 넘은 책들이 많았는데 그 중에는 고등학교 때 지인으로부터 선물로 받은 한국문학 및 세계문학 전집 총 50권짜리가 있었다. 버리고 싶지 않았지만 지질이 좋지 않고 너무 작은 세로글씨여서 눈 딱 감고 내보냈다. 또 열 권짜리 〈왕비열전〉은 맨 뒤쪽에 부록으로 조선왕

조 가계도가 있어 궁금할 때마다 빼서 보던 손때 묻은 책이다. 그러나 이 또한 누렇다 못해 삭아서 정리 대상으로 분류했다. 한때 엄청난 인기몰이를 했던 김홍신의 〈인간시장〉도 고물상행을 피하지는 못했다.

폐지 줍는 어르신을 불러 라면박스 스무 개 정도의 분량을 드렸다. 주름진 얼굴에 성근 이를 드러내며 함박웃음을 지으셨다. 한참 후 고맙다고 하시면서 튀긴 강냉이 한 봉지를 들고 오셨다.

책장이 깔끔하게 정돈되었다. 왼쪽 벽에는 전공서적과 소설책을, 오른쪽 벽에는 수필집과 시집, 그리고 기타의 책들을 진열했다. 한눈에 봐도 원하는 책을 쉽게 찾을 수 있어 편리해졌다. 어르신께 도움을 드려서 좋았고, 빈 공간이 생겨 화병과 상패를 놓으니 한결 환해진 방 분위기에 십년 묵은 체증이 쑥 내려가는 듯했다. 소화불량에 걸린 책장에 내려진 정리정돈 소화제는 특급 처방이었다.

약에 대한 내성이 생겨 효력이 둔감해지고 있는 내 자신을 생각해본다. 약에 의존하고 주치의가 건네는 주의사항을 무시했다. 제 때에 밥 먹고 약 잘 챙겨먹는 것 말고는 제대로 한 것이 하나도 없다. 빠른 식사, 식사 후 바로 눕기, 고구마, 튀김은 물론 케이크, 라면, 빵, 피자 같은 밀가루 음식을 가리지 않고 먹었으며, 카페인이 들어있는 커피 등 소화를 방해하는 것들을 가리지 않고 먹었다.

이제 오래되었거나 중요도가 떨어진 책들을 책장에서 과감하게 퇴출시킨 것처럼 약에 의존하는 불량한 마음도 하루빨리 멀리 날려 버리고 싶다. 체질화 되기 전에 만성소화불량과 힘겨루기에서 거뜬히 이겨내야겠다. 소화불량, 이제는 내게서 떠나가기를 간절히 바란다.

안 그래도 서러운데

목욕탕 안이 왁자했다. 목욕관리사가 본연의 일을 미뤄둔 채 이십 평방미터는 거뜬히 되고도 남을 크기의 냉탕 물을 빼며 누군가 들으라는 듯 불만을 토로하고 있었다. 냉탕 주변에는 팥죽색 수건으로 머리를 두른 오육십 대 아주머니들이 모여 그녀의 불만을 아는지 서로를 바라보며 떠들고 있었다. 몇몇 사람들은 이리저리 두리번거리더니 한곳에 시선을 멈추고 한 어르신을 힐끔힐끔 보며 수군거리기도 했다.

어느 정도 시간이 흐르고 탕이 비워졌을 때 그 안을 들여다본 사람들은 소스라치게 놀랐다. 많은 이물질과 까맣게 드리워진 물때는 보는 것만으로도 비위를 상하게 했다. 상당수가 온탕과 냉탕을 오가면서도 그 속을 들여다보는 사람은 없었다. 또한 이 물을 며칠에 한 번씩 교체해주는지 아는 사람도 있을 리 만무했다. 나는 본래 냉온탕 안을 사용하지 않으니 관심조차 갖지 않았다. 그러나 이 정도일 줄이야! 냉탕이 이렇다면 온탕인들 깨끗할까.

목욕관리사가 세제를 풀어 바닥 표면에 붙은 이물질을 제거하기 시작했다. 거무튀튀한 거품을 머금은 바닥은 호수에서 쏟아지는 물벼락을 맞으며 뽀얀 속살을 드러냈다. 반짝반짝 빛이 나는 냉탕은 물을 뺄 때와는 달리 금방 깨끗한 물로 채워졌다. 속이 훤히 보여 들어가지 않아도 절로 시원함이 느껴졌다.

목욕탕에 가면 으레 그래왔던 것처럼 습사우나실을 들어갔다. 오늘따라 빈자리가 드물기도 했지만 유난히 시끌벅적했다. 냉탕을 청소하게 된 얘기였다. 내가 들어갔을 때 물을 빼고 있었으니 특별한 일이 있었다는 것을 알 리 없어 귀를 기울였다.

몇 시간 전 그 안에 있던 한 사람이 아무도 없는 냉탕을 들어가려 했는데 무언가가 둥둥 떠 있었다는 것이다. 지난 주 회갑여행을 다녀왔다는 그녀의 말에 의하면 눈이 침침해 내용물을 얼른 알 수가 없었다. 지저분한 생각도 들고 기분이 묘해 목욕관리사에게 확인해 보라고 했다. 그런데 이게 웬일인가. 인분이었다는 것이다. 경악을 금치 못한 사람들은 어떻게 그럴 수가 있느냐며 서로를 의심하는 눈치였다.

그때 가운데 앉아있던 육중한 아주머니가 주위를 둘러보며 누가 그랬을까요? 질문을 하더니 분명 어떤 노인네가 그랬을 거라고 했다. 그러자 마주 앉은 사람이 노인네들은 항문 괄약근이 약해져 본인 의지와 상관없이 그럴 수 있다면서 그녀의 시어머니도 자주 실수를 하기 때문에 두려워서 외출을 못한다고 했다.

한쪽에서는 이구동성으로 적어도 며칠에 한 번씩은 누군가가 일을 저질러야 청소를 한다면서 차라리 잘 됐다고 하는 이도 있었다. 그동안 말은 안 했지만 청소는 제대로 하는지, 물은 제때에 갈아주는지 냉탕 안이 정말 더러웠다는 것이다.

나는 목욕탕에서 냉온탕 보다는 주로 습사우나실을 이용한다. 아주 오래 전 일 때문이다. 젊은 엄마가 어린 여자아이를 데리고 탕에 들어왔다. 보통은 비누칠로 간단한 샤워를 한 다음 탕에 들어가는데 젊은 엄마는 그냥 들어왔다. 한참 후 물장구를 치며 놀던 여자아이가 젊은 엄마에게 귀엣말을 했다. "엄마, 쉬 마려워." "그냥 여기서 해." 어이가 없어 바로 탕 밖으로 나온 이후 더 이상 탕 안은 들어가지 않게 되었다.

사람 사는 세상에 크고 작은 일들은 수도 없이 생긴다. 그 중 탕 안에 대소변을 보는 실수쯤이야 있을 수도 있다하겠으나 예의는 필요한 것 같다. 물론 갑자기 당한 일에 예의나 염치를 살필 겨를이 없을 수도 있을 것이다. 그러나 대중들이 이용하는 공공장소인 만큼 이러한 다급한 일이 일어나기 전에 본인이 주의를 해야 하지 않을까. 그러한 상황이라면 공공장소를 자신이 피해야 할 것이다.

사우나실은 시간이 꽤 흘렀는데도 노인네가 일을 저지른 범인일 거라며 언성이 자자했다. 나는 문득 고개를 갸우뚱했다. 왜 이곳에 있는 사람들은 노인네가 그랬을 거라고 생각하는 걸까. 냉탕에 큰 일을 저지른 사람이 누군지도 모른 채 오늘 목욕하러 오신 어르신들은 그렇게 죄인이 되고 있었다. 땀을 흠뻑 흘린 뒤 이야깃거리가 없어졌는지 사우나실이 조용해졌다.

그때 맨 구석에서 조용해진 분위기를 깨는 교양 있는 음성이 낮게 들렸다.

"너무 그러지들 마세요. 노인이 그러시는 것을 보았으면 모를까, 추측으로 그런 장담을 하는 것은 옳지 않아요. 설사 어느 노인이 그러셨다 하더라도 안타깝게 여기고 감싸드려야 하지 않겠어요? 당사자는 얼마나 당황스럽고 놀라셨을까요. 창피하기도 하구요. 내 나이 팔순을 훌쩍 넘겼어도 오늘처럼 낯이 뜨겁기는 처음이라오. 나이 먹으면 안 그래도 서러운데 노인들을 너무 몰아세우지 마세요."

순간 사우나실 안이 숙연해지고 있었다. 나이가 들어가는 일은 어쩔 수 없는 일인데 그 나이 먹은 것 때문에 사실 확인도 없이 매도를 한다는 것은 심하지 않았나하는 생각이 들던 참이었다. 용기를 내서 장내를 일순간 평정시킨 그 어르신에게 마음으로 응원을 보냈다. 나이 먹으면 안 그래도 서러운 게 인생인가 하는 생각이 다시금 들면서 목욕탕을 나왔다.

내 마음의 아파트

요즈음 오래된 아파트들이 리모델링을 거쳐 새로운 모습으로 거듭나고 있다. 비단 아파트뿐 아니라 일반주택이나 기타 주거를 위한 건물들이 보수나 증개축의 붐을 일으키고 있다고 해도 지나친 말은 아닐 것이다.

이를 뒷받침이라도 하듯 어떤 방송 프로그램에서는 귀신이 나올 것처럼 낡은 집을 멋지게 탈바꿈시킨 모습들을 보여주고 있다. 외형은 그대로지만 내부를 보면 전혀 다른 집이 되어 있는데, 보는 재미가 쏠쏠하다.

얼마 전 한 신혼부부는 사십 년 된 건물 내부를 개축해서 신혼집으로 사용하고 있다면서 전과 후의 모습을 보여주었는데, 정말 감쪽같이 달라져 있었다. 그들은 너무 낡아 전월세가 나가지 않아 비어 있던 집을 싸게 개조해 신혼생활의 터전을 마련했다면서 기쁜 마음을 감추지 못하고 있었다.

지난 주 내내 지인이 아파트 내부를 리모델링했다. 나와 입주를 함께 했으니 올해로 이십 년을 넘겼다. 사실 내부를 허물고 고친 것이 아니니 리모델링이라 하기는 애매하지만 전반적인 분위기를 바꿨으니 그렇다 해두는 것이다. 제법 적지 않은 지출로 경기도 좋지 않아 웬만하면 그냥 지내고 싶지만, 외국인 사위에게 허름한 모습을 보여주기 싫어 서둘러 손을 본다고 했다. 사위가 한국 근무를 신청해 이 년간 대구에서 근무하게 되어 며칠 후면 미국에서 딸 내외가 들어오는데 며칠 동안 와 있을 것이라고 한다. 사실 사위본 지 십 년이 넘었지만 처가를 방문하는 것은 결혼 초 이후 이번이 두 번째라고 한다. 그러니 어려운 백년손님인 사위를 맞는 기분이 어떤지 충분히 이해가 갔다.

오며가며 간식을 들고 가서 커피를 함께 마시며 변해가는 모습을 구경했다. 그 많은 짐을 밖으로 내놓고 노심초사하며 고생하는 당사자야 힘들겠지만 구경꾼은 즐거웠다. 하지만 강 건너 불구경만 한 것은 아니었다. 가구의 위치선정에 있어 도움을 청해오면 한마디라도 거들어 주고, 무거운 것을 들 때는 미약한 힘이나마 보탰다.

먼저 얼룩졌던 벽이 화장한 얼굴처럼 우유빛깔 실크벽지로 옷을 갈아입었고, 바닥은 우아한 느낌이 묻어나는 베이지골드색 데코타일로 시공했다. 주부들이 가장 신경 쓴다는 주방이 변했는데 냉장고의 위치가 바뀌었고, 싱크대를 늘려 사용공간이 커졌으며, 어둡던 식탁이 밝은 색으로 교체되면서 주방이 한결 환해졌다.

그리고 꼭 필요한 가구는 색다른 느낌을 주기 위해 자리변화를 주고 쓸 만한 잉여가구들은 누군가 사용할 수 있도록 재활용품센터로 보냈다. 이렇게 물건들이 하나하나 위치를 바꾸어 집안을 채우자 어느 정도 자리가 잡혀갔다.

공사가 끝나고 이튿날 리모델링을 마친 아파트를 들렀다. 이미지가 사뭇 달라졌다. 휑하던 벽에는 멋스러운 작은 나무선반이 만들어졌고 그 선반은 다육식물 선인장 화분을 가족으로 받아들였다. 다양한 크기의 가족사진 액자들은 제 멋대로 걸려있는 데도 묘하게 잘 어우러져 보였다. 베란다 창에는 오래도록 달고 있던 블라인드를 걷어내고 나무그림이 박혀있어 자연이 느껴지는 커튼을 달았다. 의도한 바는 아니지만 집안 곳곳의 인테리어 분위기가 북유럽 느낌을 살짝 풍기고 있었다. 불과 며칠 전과는 사뭇 달라진 모습을 보면서 나도 모르게 부러운 마음이 슬쩍 생겨났다. 그러면서 부러움이 슬며시 자리잡은 내 마음의 아파트는 어떨까 하고 들여다 보기로 했다.

내 마음에도 일곱 가구가 사는 아파트 한 동이 있었다. 각 층마다 서로 다른 마음들이 엉켜 살고 있다. 아파트를 처음 지었을 때는 행복, 사랑, 이해, 봉사, 배려, 기쁨, 나눔이 입주를 했다. 어려운 일이 생기면 의지하고 도와가며 사는 평온한 삶이었다. 그런데 어느 날부터 낯선 마음들이 늘어나기 시작했다. 오만과 편견이 짜증과 성냄을 데리고 무단침입하더니 머지않아 시기와 질투도 막무가내로 밀고 들어왔다. 그 외에도 부러움, 허영, 의심, 오해 등 많은 마음들이 슬며시 자리를 잡은 것이다.

점점 집이 좁고 불편해지자 오만과 편견 등이 미움과 다툼을 불러들여 급기야 원주민 마음들을 쫓아내려 갖은 악행을 저지르고 있다. 결국 내 마음의 아파트는 서서히 병들어가고 있었다. 원주민 마음인 행복과 사랑 등은 싸움을 피하려고 애를 쓰지만 그럴수록 또 다른 침입자 스트레스에 눌려 기력을 잃어가고 본의 아니게 자책과 비관, 좌절에게 의지하는 처지가 되었다. 특히 요즘들어 미움과 원망은 안하무인으로 세력을 키우고 있다는 생각이 든다.

이것이 내 마음의 아파트를 들여다본 현실인 것이다. 그렇다면 겉모습을 리모델링한 아파트를 부러워할 것만 아닌 듯하다. 바로 내 마음 안에 있는 아파트를 리모델링해야 하지 않을까.

달팽이길(1) 외 2편

김 지 현
jiwoo47@empas.com

내가 잘 다니던 길이 있었다. 산을 오르는 것처럼 높고 비탈진 길이긴 하지만, 아래에서 올려다보면 치솟아 오른 계단이 끝까지 가야만 한다는 어떤 사명감마저 주었다. 힘이 들어도 다 오르고 보면 성취감마저 주는 길이었다. 언젠가 위에서 아래를 내려다보니 계단 옆으로 난 또 다른 길들이 나선형을 그리며 따라오고 있었다. 마치 달팽이 껍질에 새겨진 무늬같이 구불거리며 틀어 올라가는 길이었다. 급할 땐 계단으로, 마음의 여유가 있을 땐 옆으로 난 구불구불한 길로 잠시 숨도 고를 겸해서 걸어 들어갔다.

그 길을 달팽이 길이라고 혼자서 이름을 붙였다. 천천히 걸어가며 사색에 잠기기도 했고 다리가 아플 땐 쉬엄쉬엄 올라 다녔다. 변하는 계절의 아름다움을 놓치지 않으려고 시간이 걸려도 일부러 돌아서 다니곤 했다. 어느새 그 길은 나의 일상이 되어 버렸다. 해 바라기도 하고 바람맞이도 그 길에서 하였다. 재미삼아 몇 구비인지 세어보기도 했다. 여덟인가 아홉 구비인가 하다가 놓쳐버렸다.

어느 날은 장을 보고 오는 길에 다시 세어 보았다. 그러나 시원한 바람에 묻혀오는 솔향기에 이끌려 잠시 숨을 고르다 놓치고 말았다. 연한 벚꽃 향기에 홀리고 라일락 진한 내음에 또 놓치고 말았다. 길이 몇 구빈들 그게 무슨 의미가 있을까. 그냥 마음 내키는 대로 사계절의 아름다움을 만끽하며 다녔다.

언젠가 달밤에 환한 보름달을 보듯이 반가운 친구도 만났다. 돌아가는 길모퉁이에 하얀 모란이 딱 한 그루 피어 있었다. 등산객들이 귀하고 좋은 꽃들을 많이 가져갔다는 말이 생각나서 더욱 반가웠다. 눈여겨보지 않으면 그냥 지나치기 쉬운 곳이어서 용케 살아남은 것 같았다. 누구에게 들킬세라 살그머니 다가섰다. 탐스런 흰 꽃송이들이 그새 지고 있었지만 하얀 봉오리들이 몇 남아 있었다. 그 꽃이 질 때까지 입을 꾹 다물고 매일 같이 살피러 다녔다. 한갓 모란에게 마음을 빼앗긴 것은 각박한 세상살이에 날이 선 마음들을 피해서였을까. 다음 해 봄에도 아무에게도 말하지 않은 채 오가며 싹이 돋는지 봉오리가 맺는지를 살펴보았다. 활짝 핀 꽃 앞에서 서서 가슴을 쓸어내리기도 했다.

또 다른 길에선 길을 막아선 훼방꾼에게 밀려 주춤 서버린 일도 있었다. 비둘기 한 쌍이 좁은 길을 종종걸음을 치며 모이를 쪼아 먹고 노느라고 요리조리 길을 막아가며 내주지 않아 마냥 서 있었다.

아이 우는 소리가 드물다는 요즘이지만 유모차가 여유있게 달팽이 길을 돌아나가고 그 옆으로 빨간 패랭이며 흰 들국화며 연보라 꽃도 피어났다. 신이 난 개구쟁이들이 아슬아슬하게 내달리던 곳이기도 했다. 나풀거리는 치마를 입은 예쁜 꼬마 아가씨가 롤러스케이트를 타고 비탈길을 돌아나가면 가슴이 철렁 내려앉기도 했다. 아슬아슬한 곡예에 박수를 보냈다. 물을 뿜지 않는 돌고래도 커다란 개구리도 납작 엎드려 있는 곳을 들락거리며 보는 이를 흐뭇하게 하던 곳이다.

어느 구비엔 수양 벚나무들이 연분홍 꽃들을 늘어뜨리고 있었다. 은은하고 상큼한 무어라고 말할 수 없는 향기를 맡느라 걸음을 멈췄다. 쉬엄쉬엄 올라와 숨을 고르면 벤치가 있는 쉼터 옆엔 늦여름이면 빨간 꽃들을 피운 배롱나무가 있다. 꽃무더기만큼 나이 든 엄마들의 사랑방 역할을 하고 있었다. 오르다 지루할 때쯤이면 정자가 나타난다. 그 옆엔 모든 이야기를 다 들어줄 듯한 넓은 가슴을 가진 느티나무가 있다. 정자기와를 시원하게 덮어주곤 태연히 서 있는 나무다. 오르막이면 오르막인 채 내리막이면 내리막인 채 모양을 달리하며 보여준 그곳을 떠나고 보니 그립기만 하다.

작은 풀들과 지저귀던 산새와 철따라 색깔을 달리하며 보여주던 나무들이며 가을이면 겨울맞이 하느라 빨갛게 물들던 화살나무 단풍도 눈에 어른거린다. 영산홍 붉은 꽃 사이로 아기 고양이들이 숨

바꼭질하고 초록 숲속에서 까악까악 울어대던 까마귀들도, 하얀 찔레와 붉은 함박꽃에서 눈길을 떼지 못하고 나이가 들어도 사춘기 소녀마냥 마음이 설레던 길이었다. 그 길에서 지난날도 곱씹어보고 깊은 바닥에 갈아 앉은 앙금도 조금씩 버리고 다녔다.

떠나올 때 뒤돌아보다가 병풍처럼 지켜주던 산의 정취에 잠시 멈춰서고 말았다. 너무 높아서 겨울을 나기가 걱정이 되어 떠났지만 사람과 자연이 어우러지던 곳이었다. 마음이 쉬어가던 그곳을 마지막으로 내려오면서 천천히 세어보니 아홉 구비였다.

달팽이길(2)

설을 쇠고 이월이 되니 한결 따뜻해졌다. 발목 수술 후 거의 갇혀 지내다시피 하다가 한 달 만에 나들이를 했다. 답답하다고 바람을 쐬어준다는 남편의 말에 따라나선 것이다. 아직은 알 수 없는 날씨라 두터운 옷차림에 목도리를 하고 장갑도 끼고 모자는 쓰지 않기로 했다. 멀리서 오는 봄바람 소식이나마 머리카락에 느끼고 싶었다. 오른발에는 방한화를 신고 왼발은 수술 뒤 신는 슬리퍼를 신었다.

아직은 걸을 수가 없어서 휠체어를 타고 나섰다. 문턱도 엘리베이터도 무사통과하고 나니 모처럼 쐬는 바람이 그렇게 좋을 수가 없었다. 네모진 작은 돌로 박은 길들이 미끄럼은 막아주나 울퉁불퉁해서 덜컹거렸고 돌 사이로 아직 녹지 않은 얼음이 보였다. 멀리 가지 않고 가까운 수퍼에 가서 필요한 것들만 사기로 했다. 남편이 어느 길로 가고 싶으냐고 물었다. 서슴치않고 달팽이길로 가자고 했다. 가까운 지름길이 있지만 오랜만에 내가 좋아하는 길로 가고 싶었다. 한 겨울 동안에 길가에 있던 나무들이며 말라버린 풀, 모두 잘 버텨내고 있는지 궁금하기도 했고 은근 즐기고 싶었다. 예전 같지 않은 남편의 체력이 걱정되었지만 괜찮다고 하니 믿어 보기로 했다. 생각보다 순조롭게 잘 나갔다. 내리막도 잘 달리고 오르막도 잘 올라갔다. 나이는 있지만 든든한 남편이 있어 뿌듯했다.

그러나 구름다리로 가는 길에 문제가 생겼다. 보도 블럭의 턱 때문에 휠체어가 꼼짝을 하지 않았다. 궁리 끝에 내가 잠깐 일어서서 가로수를 붙잡고 턱을 넘었다. 겨우 움직였으나 눈이 얼어붙은 나무다리도 돌계단도 미끄러워서 휠체어를 들고 옮기기엔 무리였다. 그냥 지름길로 갈 걸 괜히 이 추운 날에 무슨 낭만을 즐긴답시고 달팽이길로 온 것을 후회했다.

무사히 다리를 빠져나오니 아이들 웃음소리가 들리던 놀이터가 나왔다. 햇살 속에서도 휑하니 비어있는 그네며 미끄럼틀이 봄을 기다리고 있었다. 서서히 비탈진 달팽이길로 들어설 무렵 누군가 인사를 했다. 모르는 이웃인데 연세가 들어 보이는 아주머니였다. 수술했느냐며 사이가 너무 다정해서 보기가 좋다며 인사를 했다. 순간 우리는 잉꼬부부가 된 기분이었다. 항상 들여 마시는 공기의 소중함을 모르듯 언제나 옆에 있어주는 남편의 자리를 잊고 있었다.

늦게 내린 눈이 아직도 나뭇가지에 걸쳐있고 마른 풀들은 기운을

회복하는 것 같아 보였다. 조심조심 속도 조절을 잘하며 나선형의 비탈길을 잘 내려갔다. 수퍼에 가서 필요한 것들과 간식거리를 샀다.

이제는 오르막이다. 힘이 들테니 조심해서 가자며 천천히 올랐다. 휠체어를 타보니 힘들이지 않고 다녀서 마냥 좋았다. 미안한 마음도 잠깐이고 편안함에 타성이 생기려고 했다. 도움을 받는다는 것이 처음에는 고맙게 여기지만 나중에는 당연하게 여기지 않을까 하는 생각도 들었다. 군대시절 힘들게 훈련받던 얘기를 해 주며 이건 아무것도 아니라고 했다. 조금 느리게 오르막을 오르며 보이는 것들 생각나는 것들을 도란도란 이야기했다. 여기는 벚꽃이 피던 곳이고 저쪽 쉼터엔 단골 아주머니들이 자리를 차지하고 있는 터에 무더운 여름에도 한 번도 땀을 식히며 쉬어보지 못했다고. 어느새 목련나무에 물이 오르는지 봉오리가 봉긋 솟아 올랐다.

한참을 가다보니 어느새 대화가 끊겼다. 뒤를 돌아보니 남편의 머리가 보이지 않았다. 희끗희끗한 머리카락과 등만이 보였다. 가파르고 미끄러운 길에서 휠체어를 떠받치며 고개를 숙이고 밀고 있었다. 잘못해서 미끄러지면 둘 다 낙상하는 것은 물론이고 힘들게 재수술한 발목도 걱정인지 온 힘을 다해 밀고 있었다. 순간 내 몸무게가 생각났다. 조금 더 보태면 거의 쌀 한가마니 무게에 육박하는 내 몸무게를 잊고 있었다. 그 많은 세월동안 가장의 책임을 지느라 힘이 들었을 등을 보면서 집에 편히 앉아서 불평불만을 늘어놓던 것이 못내 가슴이 아렸다. 아무 말도 못하고 달팽이길을 다 오르고 보니 등 굽은 소나무가 보였다. 남편은 무사히 올라왔다며 즐거워했다. 마주 바라보니 코밑에는 서리가 내린듯해서 웃음이 터져 나왔다. 그러나 어제보다 새로운 남편의 얼굴이 보였다.

앞만 보고 내달리던 젊을 때보다 이제는 이 달팽이길 같이 느리지만 여유있는 삶을 남편과 오래도록 즐기고 싶다.

나나바라기

나나가 저희 집으로 갔다. 나나는 우리 손녀의 태명이다. 꿈에 기다란 바나나를 봤다며 붙여진 이름이다. 며느리가 입덧을 좀 하는 편이었고 그리 편하게 지나는 것 같지 않아서 노심초사하며 순산하기를 기다렸다. 열 달 동안 애간장을 태우게 하더니 건강하고 다리가 긴 나나가 태어났다. 얼마 동안 집에서 머물다 이제 보금자리로 돌아 간 것이다. 욕심 같아선 찬바람이 가시고 난 뒤에 보냈으면 했다.

남보다 훨씬 늦은 나이에 본 손녀다. 내색은 하지 않았지만 아들이든 딸이든 한명이라도 있었으면 했다. 요즈음은 태교를 잘해서인지 영양상태가 좋아져서인지 예전보다 아기들이 또록또록하게 태어나는 것 같다고 한다. 아이를 키워 본 지가 그야말로 까마득하다.

문득 시어머니 생각이 났다. 내 경우엔 첫아이는 친정에서 산후조리를 어느 정도 하고 왔고 둘째는 시어머니가 해주었다. 호랑이 할머니지만 자식 욕심이 많아서 손자들을 애지중지 키우셨다. 그때는 겨울이라 추웠다. 기저귀 빨래도 잘 마르지 않아서 집안 여기저기 기저귀가 널렸고 세탁기도 잘 쓰지 않던 때였다. 지금같이 더운 물도 마음대로 쓰지 못했다. 연탄불에 물을 데워서 아기 목욕도 시키고 빨래도 했다. 지금 같으면 산후조리를 잘못한다고 질색을 할 테지만 그때는 어쩔 수가 없었다. 특히 빨리 회복하라며 끓여주던 도미 미역국이 왜 그리도 맛이 있던지. 하루 여섯 끼를 싹 다 비우니 얼굴은 허연 달덩이가 되었고 몸엔 살집이 붙어버렸다.

그때의 시어머님께 받은 따뜻한 보살핌을 며느리에게 대신 해주고 싶었다. 그러나 마음대로 되지 않았다. 해산할 무렵에 이사를 하고 김장철이라 서둘러 김장을 하고 보니 그만 심한 몸살에 시달렸다. 입맛도 떨어져 미역국을 어떻게 끓였는지 정신없이 지나갔다.

어찌 보면 친구들은 할머니가 된지 오래인데 나만 젊은 듯한 착각에 빠져 살았는지 모르겠다. 나나 울음소리를 들으면서 어느새 할머니가 되어갔다. 별로 듣고 싶지 않았던 할머니 소리가 이제는 푸근하게 들린다. 밤새 아기와 씨름하느라 잠을 설치는 며느리를 위해 낮 동안은 내가 돌보기로 했다. 품에 폭 안기는 어린 것이 자세히 보니 할아버지를 쏙 빼닮았다. 내심 할머니도 좀 닮아 주었으면 했지만 영락없는 할아버지다. 흐뭇하게 손녀를 안고 어르는 남편의 표정이 수십 년 간 살아오면서 처음 보는 모습이다. 항상 근엄하고 웃을 줄 모르던 남편의 표정이 하회탈같이 변해갔다.

어느 날 햇볕이 잘 드는 곳에서 보니 돌아가신 시어머니를 닮은 것도 같았다. 순간 아이구 어머니 어디 가셨다가 이제 오셨습니까 하며 웃고 말았다. 증조할머니의 맺고 끊음이 분명하고 매사에 빈틈없는 성격까지 닮으면 살아가는데 어려움을 잘 헤쳐가리라고 본다. 아기 얼굴은 열두 번 변한다더니 그 말이 맞나보다. 차츰차츰 우리 가족 모두의 얼굴이 엿보였다. 하루하루 다르게 변하는 나나를 보살피며 나도 거짓말쟁이가 되어가고 있었다. 기저귀를 갈아주면서 다리를 쭉쭉 펴며 주물러주니 몇 번하지 않았는데도 기저귀만 갈면 다리를 뻗었다. 어느새 쭉쭉이 할머니가 되었고 가만히 관찰해보니 기다리라는 말도 알아듣는 것 같았다. 막 태어났을 때 제 아빠가 안아주니 울음을 뚝 그쳤다더니 조금 빠른 것 같았다. 할아버지가 안고 어르면서 오∽오∽했더니 할아버지를 보면 입을 동그랗게 오므린다.

아들만 있어서 삭막하던 집에 아주 늦게나마 손녀를 보게 되니 그야말로 웃음꽃이 피었다. 조그마한 아기가 주는 기쁨이 마음에 환한 등불을 켜놓은 것 같았다. 어딘지 모르게 쓸쓸한 것 같던 표정들이 꽃처럼 활짝 피어났다. 나나는 복덩이다. 딸이 귀한 집안에 그것도 아주 늦게 태어나니 보기만 해도 흐뭇하다. 더 오랜 시간동안 커가며 재롱 피우는 모습을 봐야 되는데 안타깝기만 하다. 짧은 기간동안이지만 많이 아끼고 사랑을 듬뿍 주어야겠다. 예의 바르고 착하고 예쁜 아이로 잘 자라주었으면 좋겠다.

밤낮이 바뀌어선지 밤이면 보챘다. 내가 태어나서 보름동안을 밤마다 울어대어서 애를 먹었다고 하신 아버님 생각이 났다. 삼신할머니께 빌었더니 그제야 그쳤다고 하셨다. 나도 아무 탈 없이 잠 잘 자게 해달라고 마음속으로나마 빌었다. 그러나 잘 통하지 않는지 가끔 애를 먹었다. 할 수 없이 내가 데리고 와서 잠을 재웠다. 제 아빠가 잠투정이 있어서 업고 동네를 한 바퀴 돌고 나면 어느새 잠이 들곤 했다. 나나는 너무 어려서 그냥 안고 어르기만 했다. 토닥토닥 두드려주다가 나도 모르게 자장가가 나왔다. 아주 오랫 적에 듣던 노래였다. 노래를 불러 본 지가 오래여서 잘 나오지 않았지만 '자장 자장 잘도 잔다 우리 애기 잘도 잔다 멍멍개야 짖지마라 꼬꼬 닭아 울지마라 우리 애기 잠 잘 자고 무럭무럭 잘도 커서 이쁜 애기 되게 하자 착한 애기 되게 하자' 잊어버리고 있었던 노래가 껄껄해진 목을 타고 나왔다. 언제 들어본 노래인가. 언제 불러 본 노래인가. 높낮이도 분명치 않은 주문같은 노랫소리에 어느새 나나는 자고 있었다.

멍멍개도 없고 꼬꼬닭도 없지만 아득한 내 어렸을 때 들었음직한 소리에 이끌려 까마득한 기억들이 우물에서 물을 길어 올리듯 딸려 나왔다. 별이 총총 난 하늘에 휘영청 내리비치는 달빛 아래서 누군가의 등에 업혀있는 나를 본 것도 같다. 먼 훗날 나나가 할머니의 자장가를 기억할까. 아주 원시적이고 감성적인 이 노래가 과학적인 요즘의 육아방식에 어울리지 않겠지만 마음으로 전해지는 울림은 있으리라 본다.

요즈음은 모두 나나바라기가 되어 매일 스마트폰으로 보내오는 사진을 본다. 비록 몸은 예전 같지 않으나 마음만은 나나를 볼 때마다 조금씩 젊어지고 있었다.

초분

송정자
shpea95@daum.net

전남 완도군에서 배를 타고 한 시간 남짓 가면 슬로우시티로 선정된 청산도가 나온다. 슬로우시티는 공해없는 자연 속에서 그 지역 음식을 먹고 문화를 공유하며 자유로운 옛날의 농경시대로 돌아가자는 '느림의 삶' 을 추구하는 곳이다.

화랑포 새 땅끝 길을 돌아 2코스로 접어드는 사랑길 초입에 초분 체험장이 있다. 초분은 풀로 만들어 놓은 무덤으로 여러 섬 지역에서 행해지는 오랜 장례풍습이다. 시신을 바로 땅에 묻지 않고 짚이나 풀로 엮은 이엉을 덮어 두었다가 2~3년 후에 묘를 쓴다고 한다.

일종의 이중장(二重葬)으로 땅바닥에 크고 작은 돌들을 평평하게 깔아 덕대를 만들고 굵은 새끼줄이나 밧줄을 깔아 놓는다. 그 위에 멍석으로 관을 감싸 미리 펴 놓은 새끼줄을 당겨 단단히 묶은 후에 병충해를 막아 줄 솔가지를 올린다. 짚으로 엮은 이엉을 초가지붕 엮듯이 계속 두르고 비바람에 보호하기 위해 마지막에 용마름을 올려 큰 돌을 매달아 촘촘히 묶어 주면 초분의 절차가 끝난다.

해마다 당리마을의 전통장례 풍습인 초분을 재현하는 것은 사라져가는 문화가 보존되기를 바라는 마음에서라고 했다. 아직도 이 섬 곳곳에 있는 초분은 섬사람들의 오랜 관습으로 여러가지 사고방식에 의한 유래라고 추측하고 있다.

육신이 썩어 신성한 땅을 더럽힌다는 생각과, 뼈에는 영혼이 깃들어 있어 지상에서 탈육시켜 하얗고 깨끗한 뼈로 보존하여 지하에 안치하는 것이 옳다고 믿었다. 그리고 운명하자마자 바로 땅속에 묻는 것은 박정하다고 여겨 불효라 생각했다. 또 상주가 고기잡이 나간 사이 상을 당했을 때 상주 없는 장례를 치를 수 없다는 데서 유래한 풍습이었다고 한다. 그외 여러 가지 민간 신앙에 의한 풍습이었을 것으로 설명하고 있다.

그 중에서 나는 섬사람들이 가족을 조금이라도 곁에 두려는 데서 비롯되지 않았을까 생각된다. 그렇기에 두 번씩이나 장례를 치러야 하는 힘든 초분을 만들어 놓고 수시로 드나들며 짚이 낡으면 다시 이어주고 새로운 솔가지를 꽂아놓고 돌아간다 하지 않았는가.

푸른 바다가 내려다보이는 한적한 산길에 누구인지도 모르는 빛바랜 낡은 초분 앞에 발길이 멈췄다. 10여 년 전에 돌아가신 어머니가 떠오르지 않을 리 없다. 너무도 황급히 떠나 묘지나 납골당 하나

없던 터라 그리워도 찾아 갈 곳이 없어 몇 년을 서럽게 울었던 적이 한두 번이 아니었다.

어머니는 입버릇처럼 죽거든 땅에 묻지도 말고 새들에게 모이로 주라고 했다. 작은 아버지가 조장(鳥葬)을 해 그 영향이 크신 듯하다. 든든한 아들을 넷이나 두어 모두 국가 공무원의 신분으로 잘 키웠다고 밀양 군수로부터 장한 아버지상을 받았던 작은아버시다. 탄탄한 아들들을 둔 시동생도 훌훌 떠나는데 하물며 넉넉하지 못한 자식들을 위하는 것이라 여겨 그리 결정하셨으리라 생각된다. 모두 외지에서 팍팍한 생활을 하던 터라 먼 길을 오가는 부담을 덜고자 하신 것이다.

어머니는 살아 계실 적에도 비닐하우스에서 깻잎 따는 일을 하시다 넘어져 머리를 다쳐 입원을 한 적이 있었다. 알리기는커녕 저녁 시간에 자식들 전화를 받기 위해 링거 병을 매달고 집에 와 있다가 다시 병원으로 갔다고 이웃 사람이 전해 주었다. 그 사실을 알고 자식들 불효자식으로 만드냐며 큰소리만 냈을 뿐 천하의 불효를 했었다.

어머니께 적잖은 속을 썩였던 장남인 오빠는 마지막 효도랍시고 어머니의 뜻을 그대로 실행하였다. 화장장 직원에게 웃돈을 얹어 주어 화장한 뒤 쌀가루와 물을 섞어 몇 줌도 안 되는 어머니를 숲속에 두고 나왔다. 푸드득 새떼들이 한 바퀴 돌고 간 후 숲은 조용했다. 그렇게 어머니는 한순간에 우리를 떠났다.

원망하고 애달파 했던 오랜 시간들이 어느 덧 10여 년이 흘렀다. 글을 쓰는 이 순간도 눈물이 난다. 이제 내 나이 오십 줄에 접어드니 일흔이 넘은 노모의 뜻을 조금이나마 알 것 같다. 어머니를 잊을 수는 없지만 사는 것이 우선이다 보면 과연 얼마나 찾아 갔을까 생각해 보았다. 끊임없이 변화하는 세상살이의 모든 것들 중에 영원한 것이 무엇이 있겠는가. 태어나고 사라지기를 반복하고 잠시 모였다가 흩어지는 그 중에 남길 것이 있기나 한 것일까.

죽음이 자연으로 가장 빠르게 돌아가는 새들의 숲에서 침묵했던 그때를 떠올리다가 다시 낡은 초분을 내려다 보았다. 조금이라도 가족을 가까이 두려 했고 사람의 도리를 다하려 했던 섬사람들에게 유독 두터운 정이 갔다. 떠나보내는 것조차 느리게 흘러가는 청산도, 이곳에서 만이라도 천천히 쉬어가며 걷고 또 걷는다.

꽃은 내 아이들이다 외 2편

윤 태 정

단독 주택에서 여유롭게 화단을 가꿀 수 있다면 얼마나 좋으랴. 하지만 사정이 여의치 않아 얼마 전에 또다시 아파트로 이사할 수밖에 없었다. 대신 햇빛과 바람이 잘 통하는 집을 구하기 위해 여기저기 많이 돌아다녀보았다. 먼저 살던 집이 햇빛은 물론 바람이 통하지 않아 들여온 화초마다 며칠 되지 않아 시들어버리기 일쑤였다. 얼마 버티지 못하고 비리비리한 채로 쓰러져버렸을 때, 그 아린 마음은 어떤 말로도 표현하기 어려웠다.

다행스럽게도 마음에 드는 마땅한 곳이 있어 흔쾌히 이사를 하기로 결정하였다. 살던 집을 떠나기 전 날, 죽기 직전의 화초들을 어찌할까 고민이 많이 되었다. 데려가 봐야 살아날 것 같지는 않고, 막상 버려두고 가자니 마음이 편치 않아서였다. 이삿짐센터 사람들이 내 꽁무니를 따라다니며 화분을 모두 가져갈 거냐고 몇 번이나 물었다. 값어치가 나가는 것도 아니요, 예쁘지도 않은 것들을 짐만 되게 뭣 하러 가져가느냐는 속뜻을 누가 모르겠는가. 하지만 짐짓 모른

체하며 하나도 빠짐없이 다 가져가야 한다고 강조했다. 새 집으로 가면 살아날지도 몰라 따가운 눈총을 받으면서까지 모두 실어올 수 있었다.

베란다의 한편에 조그마한 화단을 만들기로 하고 큰 화분은 뒤쪽으로, 작은 것은 앞으로 가지런히 놓았다. 올망졸망한 것들이 한데 어울려 제법 그럴듯한 모양새가 갖추어졌다. 크고 작은 돌멩이로 둘레를 쳐주니 울타리까지 갖춘 근사한 화단이 완성되었다. 하루 종일 해가 드는 날이면 이곳에서 머무는 시간이 점점 길어지곤 한다. 언제부터인가 이 조그마한 터에서 꽃을 바라보는 일이 하나의 취미로 자리 잡기 시작하였다.

그런데 한 달이 조금 지났을까? 무심코 화단 쪽으로 고개를 돌리려는데 축 늘어졌던 가지에 힘이 오른 녀석이 보였다. 유심히 살펴보니 맑고 투명한 연녹색 순이 여기저기서 기지개를 켜며 일어나고 있는 게 아닌가. 이제야 눈을 떴어요, 라고 말하듯 꼬물거리는 모습에 그만 코끝이 찡하였다. 잠에서 막 깨어난 아기의 꼼지락거리는 작은 손짓이라도 본 듯 생명의 경이로움을 느꼈다고나 할까.

드디어 새 순이 났어, 이제 모두 살아난 거야. 집안이 떠나갈세라 기쁨을 전하는 내 목소리는 마냥 들떠 있었다. 버리고 왔으면 어쩔 뻔했나 싶게 모두 살아났으니 햇볕이나 바람은 물론 나의 지극정성도 한몫을 했을 터였다. 오랜 시간을 함께 한 식구나 다름없는 것들을 병이 들었다고 잠시나마 버릴 생각을 했으니 한편으로 미안한 마음도 감출 수 없었다.

바람결에 하늘거리는 고만고만한 키의 초록이파리들이 대견스러워 살짝 미소를 짓는다. 꽃대에 맺힌 꽃망울들이 입을 달싹이며 옹알이하는 갓난아기 같아 슬며시 말이라도 건네고 싶다. 어린 화초들이 아무래도 나에게 살포시 안겨 어리광을 부리고 싶어 하는 눈치도 보인다. 외출해서도 이것들이 눈에 어른거려 집에 들어서기가 무섭게 눈을 마주쳐야 마음이 편안해진다.

아이들이 어렸을 때는 주로 큰 나무를 키웠었다. 비록 아파트였지만 노린재나 개미, 풍뎅이와 개구리를 길러보는 재미를 맛보기도 했었다. 콘크리트 숲에서 자랐지만 내 아이들이 자연을 사랑하는 감성을 지닐 수 있는 것도 늘 가까이 했던 화초 덕분일 게다. 요즘에는 낑낑거려야 겨우 옮길 수 있는 커다란 나무보다는 손바닥에 올려놓고 볼 수 있는 앙증맞은 꽃에 정이 간다. 그래서 꽃집을 드나들며 마음이 끌리는 대로 하나 둘 집으로 들여온 것들이 이제는 꽤 넓은 자리를 차지하고 있다.

연한 이파리를 보듬고 여린 꽃잎을 쓰다듬다 보면 나도 모르게 아이들 키울 때가 떠오른다. 가끔 목구멍 너머로 참을 수 없는 애잔함이 올라와 주책없이 울컥하기도 한다. 직장을 다닌다는 핑계로 아이들에게 사랑을 온통 쏟지 못 했던 것이 늘 마음에 걸리기 때문이다. 이제야 제대로 된 사랑을 주겠다고 손을 내미니 오히려 넘치는 정성으로 길러주어 고맙다, 라는 말로 위로까지 해준다. 어느새 아이들이 훌쩍 컸나보다.

누가 말해주지 않아도 언젠가는 내 품을 떠나리라는 것을 잘 알고 있다. 그래서 눈에 넣어도 아프지 않을 내 아이들이 즐겁게 놀던 그 자리에 서둘러 꽃들을 들어앉혔는지 모른다. 떠나간 그 자리가 허전하지 않도록 언제든지 소곤소곤 이야기를 나누고 싶어 작은 의자 하나를 놓아두었는지 모른다.

오늘도 나는 햇살 가득한 화단에 앉아 아이 같은 꽃들을 오래도록 보고 또 어루만진다. 해질녘까지 꽃 같은 아이들을 오래도록 안고 또 가슴에 품는다. 이제부터 내 아이들은 꽃이요, 꽃은 내 아이들이라 부르고 싶다.

비밀 이야기

이야기의 시작은 작년 겨울, 어느 날 아침으로 거슬러 올라간다. 오래간만에 외출하려고 지하 주차장에 내려갔는데 차가 보이지 않았다. 혹시나 해서 위층으로 올라가 살펴봤으나 역시 나오지 않았다. 지하 1층에 세워둔 게 분명한데 도대체 어디에 있는 걸까? 구석구석을 다니며 다시 한 번 샅샅이 뒤져봐도 온데간데없이 사라진 차는 결코 나타나지 않았다. 발이 없으니 혼자 갔을 리는 없고, 누가 끌고 갈 수밖에 없다는 건데 도대체 누가 가져갔단 말인가?

남편은 그런 차를 누가 가져가겠냐며 놔둔 곳을 잘 생각해보라고 계속 옆에서 채근하였다. 아무리 생각을 해봐도 분명히 지하에 세워둔 기억밖에는 떠오르지 않았다. 끝까지 행방을 알아내려고 지하는 물론 바깥까지 식구를 총동원하여 다시 한 번 찾아봤으나 헛수고였다. 결국 도난 쪽으로 가닥을 잡고 일을 매듭지을 수밖에 없었다. 하지만 크기도 작거니와 연식이 오래되어 도난을 의심한다는 자체가 미안할 정도였다.

그런데 도난이라고 단정하기에는 의문점이 한두 가지가 아니었다. 주차장에 크고 좋은 차들이 많은데 왜 하필이면 오죽잖은 내 차였을까. 번쩍번쩍 빛이 나는 외제차도 많건만 왜 값도 나가지 않는 고물차를 선택하였을까. 생각에 빠져 곰곰이 머리를 굴리고 있던 순간, 며칠 전의 뉴스가 떠올랐다. 남의 차를 훔쳐 나쁜 일에 이용하고는 아무 곳에나 내다버린 범인이 검거되는 장면이었다. 눈길을 끄는 좋은 차보다는 허름한 차가 더 쉽게 범죄의 대상이 될 수도 있겠다는 생각이 들었다.

상황이 이쯤 되자 차가 없어진 것보다 범죄에 연루될지도 모른다는 걱정이 앞서기 시작하였다. 도난 차량을 신고 안 하고 방치시켜두면 벌금을 문다는 얘기까지 들은 것 같아 그 또한 고민이었다. 친정어머니께 급히 전화를 하여 가까운 친척 중의 형사에게 연락을 취해 달라는 부탁을 해놓았다. 바로 오늘 아침에 도난당했다는 기록을 꼭 남겨 달라는 말도 빼놓지 않고 신신당부하였다.

모든 조치를 이상 없이 해놓고도 이 불가사의한 일이 왜 일어났을까를 다시 한 번 곱씹고 있었다. 그때 갑자기 전화벨이 울렸다. 온갖 나쁜 상상을 하며 초조해 하고 있었기에 전화기를 든 손은 이미 흔들리고 있었다. 여보세요? 서울 1너에 93** 차주인 되십니까? 초긴장된 목소리로 그렇다고 대답하였다. 친절한 목소리로 보아 왠지 범인 같지는 않았으나 진정되지 않은 내 목소리는 여전히 떨렸다.

그 차를 도난당해서 지금 난리가 났는데 어디서 발견했나요?

더듬더듬 말을 잇는 나를 비웃기라도 하듯 상대편 남자는 어이가 없다는 투로 되물었다. 뭐라구요? 도난을 당했다구요? 벌금을 내게 될지도 모른다는 생각에 오늘이라는 말에 한껏 힘을 주었다. 네, 바로 오늘 아침에 도난당한 것이 분명해요. 그때 정신을 번쩍 나게 하는 말이 전화기 저편에서 아주 또렷하게 들려왔다. 여기는 마트입니다. 일주일 전에 차를 주차하지 않으셨나요?

그제야 연말 분위기를 낸다고 동네에서 시장을 잔뜩 본 뒤, 보따리를 힘겹게 들고 온 일이 떠올랐다. 물건을 사는 사이 갑작스레 내린 폭설로 순식간에 주차장이 아수라장이 되어버렸던 것이다. 도저히 운행이 불가능하여 우선 물건만 낑낑대며 들고 온 것이 바로 일주일 전이었다. 그 후 차를 쓸 일이 전혀 없어 신경을 쓰지 않고 무심하게 며칠을 보냈던 것이다. 오랫동안 찾아가지 않아 지금에서야 연락한다는 주차 요원은 주차비를 꼭 물어야 한다고 강하게 말했다.

힘없이 수화기를 내려놓자마자 식구들이 그럼 그렇지, 누가 그런 차를 가져가겠냐며 배를 움켜쥐고 웃느라 야단이 났다. 전화를 끊자마자 달려가 일주일치의 주차비 칠 만원을 지불하고 차를 가져올 수 있었다. 범죄에 이용되지 않은 것만도 다행이라 여기며 속을 달랬지만 우울한 기분은 쉬 가시지 않았다.

얼마 전, 친구가 약속 날짜를 깜박 잊어버려 모임에 나오지 못하였을 때, 그 마음을 진심으로 헤아려주지 못 했다. 물건을 잘 잃어버려 식구들에게 핀잔을 듣는다는 친구의 말도 공감하지 못 한 게 사실이다. 그저 나와는 거리가 먼 이야기로 무심하게 흘려버렸을 뿐이다. 평소 스쳐간 사람이라도 얼굴과 옷차림을 잘 알아보는 편이고, 적는 것보다 머릿속에 저장하는 게 편할 정도로 기억을 잘하였기 때문이다.

허나 세월의 흐름을 누군들 비껴갈 수 있으랴. 이제부터 나도 시작인가 보다. 나에게 일어난 건망증이 너무나 부끄러워 그동안 비밀로 꽁꽁 숨겨두고 있었다. 늦게나마 털어놓고자 하는 건 누구나 겪어야 하는 과정을 비껴가려한 나의 어리석음을 고백하며 위로받고 싶어서이다. 건망증이 때로는 무미건조한 우리의 삶에 윤활유가 되어주기도 할 거라고 모기만한 목소리로 세월에 삐치려는 내 마음을 다독인다. 그래도 자꾸만 야속한 생각이 드는 건 무슨 까닭일까.

장한 어머니

그동안의 걱정거리를 훌훌 벗어던지고 친정으로 들어서는 발걸음이 가볍다. 어머니는 병원에 계실 때와는 달리 한결 생기 있는 표정이다. 대수술을 한 뒤라 거동이 불편한데도 큰딸이 온다고 부엌에서 서성댔는지 물기 있는 손을 얼른 닦는다. 진통제 때문에 통 잡숫지를 못했는데 실밥을 뽑고 나서는 마음껏 먹어도 된다는 말에 기분이 더 좋아진 듯하다. 특유의 재치 있는 말씀으로 집안 분위기가 한껏 살아나니 어머니의 자리가 얼마나 큰지를 다시 한 번 실감한다.

소파에 앉자마자 나는 맷국이 잔뜩 오른 잔소리 보따리를 술술 풀어놓기 시작한다. 이제부터는 타거나 상한 음식은 버리고 좋은 것만 드세요. 앞으로 약장사 구경은 절대 가지마시구요. 귀에 딱지가 앉을 정도로 이미 익숙해져버린 잔소리는 하나도 새삼스러울 것이 없다. 남은 음식도 아깝다고 싸오지 마시고, 제발 차비 아낀다고 걸어 다니지 마세요. 실타래가 풀리듯 끝없이 이어지는 지청구에도 어머니는 눈 하나 꿈쩍하지 않고 태연하다. 늘 그래왔던 것처럼 딸의 말은 건성으로 흘려버리면서 커다란 배를 꺼내 식탁 위에 슬쩍 올려놓을 뿐이다. 순간 얼굴을 찡그리며 언제부터 묵힌 것이냐고 하니 역시나 지난 설 때부터란다. 자식 준다고 신문지에 꽁꽁 싸매어 냉장고 깊숙이 넣어둔 것이 한 달은 족히 지났을 테다. 평생 아끼는 것을 미덕으로 아는 분이라지만 왠지 속상한 마음을 숨기지 못하고 결국 혀를 끌끌 차고야 만다.

친정에서는 배를 아주 귀한 과일로 여겼다. 고향집 둘레에 사과나무와 감나무가 여러 그루 있었지만 배나무는 딱 한 그루밖에 없었다. 그것도 돌배나무라서 크기도 작거니와 딱딱하여 즙은 거의 나오지 않았다. 한겨울까지도 항아리 안에 그득하게 넣어두고 먹던 감에 비하여 배를 먹어본 기억은 별로 없다. 큼지막한 배를 보는 것은 오로지 제삿날뿐이었다. 제사상에는 절대로 빠지지 않고 올라왔으니 제일 귀한 과일로 여긴 것은 어쩌면 당연한 일일 것이다. 배를 먹었다는 친구의 말끝에 제사를 지냈냐고 묻기도 했으니 얼마나 우스웠을까.

이제는 부자가 아니어도 특별한 날이 아니어도 얼마든지 배를 먹을 수 있다. 그런 것을 아직도 깊은 곳에 두었다가 함께 먹을 귀한 사람이 오기를 기다렸다니. 조각을 내어 접시에 담아낸 배를 한 쪽만 들고 두 쪽은 마다하며 기어코 내 입에 냉큼 넣어준다. 그동안 자식을 위해 음식을 양보할 때마다 얼마나 많은 이유가 따라다녔던 가. 배가 아프다, 비위가 안 맞다, 많이 먹었다, 배가 부르다 등의 핑계 뒤에 따라붙는 표정 연기는 또 얼마나 실감나던지. 하지만 나는 그 얼토당토않은 이유를 지금까지 단 한 번도 믿은 적이 없기에 억지로라도 당신 입에 넣어드렸다.

두 달여 전, 느닷없이 암 진단을 받게 된 어머니다. 더군다나 유방암이라니 당신은 망측스러워 얼굴을 못 들겠다며 남들이 알까 쉬쉬하였다. 아버지는 물론 우리 오남매는 그 사실이 믿기지 않아 허둥대기만 할 뿐이었다. 팔순 노인네의 종양 제거 수술을 순순히 받아들이지 못하고 한동안 갈팡질팡하였다. 방사선 치료나 항암치료를 받는 과정이 얼마나 고통스러울까, 차라리 수술을 거부하고 이대로 사는 편이 낫지 않을까를 고민했다. 결국 진행할 수밖에 없었던 수술은 경과가 아주 좋았고, 순한 암이라는 덤까지 얻고 나서야 모두들 안심하게 되었다.

어머니 얼굴을 쳐다보고 있으려니 문득 가슴이 철렁 내려앉는다. 어쩌면 당신 하고 싶어 하는 것을 전혀 못 하고 누워서만 지낼 수도 있었기 때문이다. 언제나 습관처럼 잔소리를 퍼부어 댈 그 분이 하마터면 안 계실 뻔했다. 갑자기 아찔한 기분이 들어 어머니의 메마른 손을 꼭 잡아본다.

약장사 구경은 어머니의 마음속에 사람들과 어울리고 싶은 열정이 가득하다는 게 아닐까. 음식점에서 남은 음식을 비닐봉지에 싸는 것은 가족을 위해 여전히 할일이 있다는 것이겠지. 버스비 아끼려고 걸어 다니는 것은 다리의 힘이 여전히 강하다는 것이니 무에 걱정인가. 좋은 음식이나 화려한 의복보다 원하는 것을 막지 않고 마음 편하게 해드리는 것이 무엇보다 우선이리라.

암 진단 앞에서 우왕좌왕하던 주변사람을 오히려 안심시키며 어머니는 태연한 모습으로 자신을 추스렸다. 인명은 재천이라고 읊조리면서 대수술 앞에서도 결코 조바심내지 않았다. 세상의 모든 것들이 한낱 소소한 일로 보일 뿐, 그 힘든 일을 두려움 없이 견뎌냈으니 얼마나 장한 분인지 모르겠다. 잔소리를 퍼부어댄 것이 그만 부끄러워 어머니를 향해 활짝 웃어주었다. 언제까지나 지금처럼 굳건하게 장한 어머니의 자리를 지켜주기 바라면서.

눈물 외 1편

이 경 란
lkl1962@empal.com

추석을 며칠 앞두고 친정을 가야 하는 날이 다가오고 있을 때였다. 갑자기 올케가 했던 그간의 모든 말이 하나둘씩 떠오르더니 슬며시 화가 나기 시작했다. 말을 직선적으로 해 버리는 언행 탓에 오랜 세월 동안 가슴에 상처가 되었다.

한참을 망설이다 마음을 단단히 먹고 전화를 걸었다. 스스로 느끼기에도 내 목소리 톤이 낮게 가라앉았고 조금은 더듬거리는 듯했다. 마음에 두었던 그간의 이야기를 하려니 어색한 분위기가 흘렀지만, 솔직한 심정을 이야기하고 싶었다. 사실 그동안 많이 아팠고 사소한 말 때문에 상처 입은 나의 나약함을 이해해 달라고 했다. 꼭 어떻게 해 달라기보다는 나 자신도 어쩔 수 없어 하소연하는 것이라고 말했다. 이야기를 다 듣고 난 올케는 일부러 그런 게 아니라 별 생각 없이 한 말이었다고 물러섰다. 사람과의 관계가 한쪽은 생각 없이 한 말이 다른 쪽은 상처를 받을 수 있는데 우리 경우가 그랬다.

통화 끝에는 서로 속이 상해 같이 울었다.

친구들은 어렵거나 힘든 일을 겪게 될 때 울었다는 말을 가끔 한다. 나도 TV 애정 드라마를 보다가 혹은 소설책의 어떤 내용에 감동되어 운 적이 있다. 그렇지만 인간관계에서 겪는 일이나 자신과 관련된 현실의 일로 눈물을 잘 흘리지 않는다. 그래서인지 한번 스트레스를 받으면 오래간다. 스트레스를 풀지 못해 끙끙대다가 몸살이 난 적도 많다. 그럴 때 펑펑 울어버리면 속도 시원하고 고민도 날아갈 것 같은데 어쩐지 그렇게 되질 않는다.

실제로 눈물을 흘리면 쌓였던 스트레스성 물질이 배출된다는 말을 들었다. 여자의 평균수명이 남성보다 긴 이유 중에 하나도 여성이 눈물이 많기 때문이라고도 한다. 영국의 다이애나 왕세자비가 돌아가셨을 때 많은 사람이 함께 울어서인지 정신과를 찾는 사람들이 평소보다 줄었다는 보고도 있었다. 상처받는 영혼을 치유하는데 눈물이 묘약이 아닐까 한다.

특히 감동하여 흘릴 때는 '다이도르핀' 이란 호르몬이 발생하는데 엔도르핀이란 호르몬보다 피로회복과 병을 물리치는데 4천 배의 더 강력한 효과가 있다고 한다.

속상했는데도 말을 못한 것은 가족인 데다 용기가 부족하고 약한 마음을 보여주고 싶지 않은 필요 이상의 자존심도 한몫했다. 평소에 속마음을 솔직히 말하지 못하고 곪아 터져서야 화를 내 관계를 냉담하게 만든 적이 많았다. 이번에 용기를 내어 전화로 차분하게 손아랫사람에게 말을 했다는 것은 예전에 하지 못했던 일이다.

추석이 다가와 마음의 앙금을 비우고 친정에 가니 홀가분했다. 올케와 음식도 만들고 같이 TV도 보며 즐거운 이야기도 했다. 올케를 보는 내 시선은 부드러워진 듯했고 콧노래도 조금 나왔다. 마음속까지는 알 수 없지만, 옆에 있던 올케도 내 기분과 크게 달라 보이지 않았다.

안쓰럽고 조금 미안해도 말하기 전보다 훨씬 이해하게 돼 지금의 상태에 대해 만족한다. 눈물을 보이는 것은 연약해 보이거나 창피한 것이 아니라 오히려 가슴을 열고 가까이 다가설 수 있는 좋은 매개체인 듯하다.

모 정

아들이 시무룩해져서 방으로 들어갔다. 군에서 제대한 지 한 달이 넘어가는데 뚜렷한 계획도 없이 지내는 것 같아 몇 마디 했다. 대학교 근처에 자취방을 얻어 나가라고 했다. 군 생활을 마치면 앞으로 열정적으로 살겠다고 굳은 결의를 보였었는데 눈앞의 모습은 그게 아니었다. 얼마 있으면 3학년으로 복학해야 하고 곧이어 다가올 취업전쟁이 불 보듯 하니 그저 여유만 부릴 수 없었다.

어릴 때부터 서로 간에 많은 대화를 해서 돈독한 모자라고 자부했는데 이번 일로 아들에게 상처가 되었을지 걱정이 되었다. 좀 더 곁에서 묵묵히 지켜봐도 괜찮았을 텐데 걱정이 앞서 성급히 참견하고 말았다는 후회가 들었다.

다음 날 학교 근처에 방을 알아보겠다고 아침 일찍 나서는 아들의 등을 걱정스레 바라보았다. 그날 저녁 돌아와 몇 군데를 물색했다며 휴대전화로 찍은 방을 보여주었다. 가격도 그만그만하고 구조도 비슷하여 크게 고심할 것도 없이 다음날 당장 가보기로 했다.

입을 옷가지랑 수저랑 책이며 담요 몇 장을 챙겨 아들의 짐을 싣고 이른 아침 서울로 향했다. 혹시 직접 본 방이 마음에 안 들면 어떡하나 하며 내심 걱정했지만, 다행히 방은 괜찮아 보였다.

원룸을 계약하고 가져간 짐을 내려주고 집으로 돌아왔다. 혼자 자취방에 남아 앞으로의 외로움을 어떻게 견디며 밥은 제대로 먹고 다닐지 취업준비는 잘할 건지 걱정이 앞섰다. 굳건한 마음으로 열심히 해서 어려운 취업난을 뚫고 나가길 바라는 간절한 마음뿐이었다. 홀로 서는 사람이 되라고 등 떠밀어 보내고 한동안 온몸에 눈물이 가득 찬 것 같은 기분이 들었다.

그 후로 사 개월이 지난 지금은 어느 정도 마음의 평화를 찾았다. 전화하게 되면 언제나 "밥 잘 먹고 학교 잘 다니니? 외롭지 않니? 공부보다 건강이 먼저다."라는 말로 안부를 묻곤 한다. 군대생활을 거쳐서인지 염려했던 것보다 혼자서 잘 적응했다. 자취생활이 나름대로 즐거운 듯 보이기도 했으나 공부가 뜻대로 잘 안 되는 모양이다. 욕심은 많지만 이루어 가는 과정이 쉽지 않아 갈등하며 조금씩 현실적으로 변하고 있다.

자취생활 시작하고 만들어 주었던 반찬들이 겹치지 않도록 인터넷에서 음식을 찾아 요리해서 싸준다. 집에 오는 날에는 엄마 정성과 사랑이 깃든 음식을 만들려고 요리책을 뒤지곤 한다. 2주마다 오는데 전날에 시장을 갔다 오고 끼니때마다 다른 것들을 놓으려고 노력한다.

주변에서 청년 실업이 갈수록 심각해지고 특히 문과 출신들에게는 더욱 취업 문이 좁다고 한다. 어미 욕심이야 보수가 넉넉하고 시간적 여유가 많으며 제 적성에 맞아 오래 다닐 수 있는 곳으로 갔으면 하고 바란다.

취업이 상대적으로 쉬운 이공계를 마다하고 자신이 좋아하는 경제과를 선택한 의지가 대견하면서도 한편으로는 걱정스러운 마음이 오락가락한다. 그런 나의 마음을 아는지 어느 날 "부모님 발목을 잡지 않을 게요" 하고 말했다. 꾸중 들은 것이 속상했고 저도 이런 저런 고민을 많이 했을 것이다. 나의 가슴에 뜨거운 것이 올라왔다.

우리 부부는 대학 때부터 부모님께 의지하지 않고 학비를 벌어야 했기 때문에 나름 고생을 했다. 그래서 고생하며 키워준 고마움도 느끼고 돈 소중한 것도 알게 되고 독립적으로 변했다. 우리는 그렇게 살았어도 자식은 덜 고생하고 편안하게 살며 행복하길 바랐다.

거의 모든 부모는 자신도 어렵게 살았으면서 자식이 조금만 고통스럽게 보이면 애달파 한다. 그것이 부모의 마음이리라. 키우며 고비마다 넘기면서 걱정을 하면서 산다고 하는데 나는 지금 자식의 취업 걱정을 하고 있다. 이 시기가 지나면 결혼시킬 걱정이 다가오겠지 하고 생각하니 자식을 걱정하는 마음은 끝이 없다. 그것이 아마도 모정이 아닐까.

입술의 공덕 외 2편

김 재 현

입술 언저리가 바늘로 찔린 듯 따끔하더니 두툼하게 부어올라 종일 쓰라렸다. 음식을 먹거나 양치를 하려면 물기가 묻을 수밖에 없어 물집이 생긴 그곳이 여러 날 괴롭혔다.

수시로 연고를 발라보았지만 별 소용이 없어 생각해 낸 것이 소금이었다. 상상만으로도 움찔하지만, 눈을 질끈 감고 상처 난 곳에 소금을 꼭꼭 찍어 발랐다. 말초 신경 끝까지 자극하는 고통으로 눈물이 찔끔 나왔다.

하룻밤을 자고 나서 거울에 비춰 보았더니 기대 이상으로 염증이 많이 가라앉았다. 그깟 좁쌀만 한 것이 신체의 다른 부위에 생겼더라면 이렇게까지 괴로워했을까 싶다. 그만큼 입술부위는 예민한 곳인데 평소 탈이 없을 때는 그 고마움을 모르고 살았나 보다.

스트레스가 누적되어 몸이 극도로 피곤해지면 입술에 병이 나는 경우가 많다. 입술은 신체의 건강상태를 외적으로 드러내 주는데 때로는 내적인 심리상태까지도 반영한다. 예로 '입술에 침이나 바르고 말하라' 든지, '입술 발린 말' 이라면 진실이 모자란다는 뜻이다. '입술을 꼭 깨문다' 는 말은 굳은 결심을 뜻하고, '입술이 탄다' 거나 '입술이 부들부들 떨린다' 는 말로 불안하고 초조함을 표현한다.

아내는 처녀 때부터 계절을 가리지 않고 입술이 잘 트고 벗겨지는 편이라고 했다. 데이트할 때도 입술이 까칠해서 아가씨 입술이 왜 저럴까 하는 생각을 했던 적이 있었다. 세월이 흐른 지금은 꾸준한 운동 덕분에 건강이 좋아졌지만, 아내는 지금도 어딜 가나 입술 크림을 항시 손에서 놓지 않는다. 시간에 쫓겨 다른 것은 그냥 지나쳐도 입술 화장만은 하고 나서는 모습을 본다.

내 경우 여성의 얼굴을 바라볼 때 이목구비 중에서 제일 먼저 입술에 눈이 가는 것 같다. 여성 호르몬인 에스트로겐 성분이 많을수록 입술이 더욱 매력적이고 탐스럽게 보인다는데, 립스틱을 바르는 것도 다산(多産)의 매력을 지녔음을 알리는 효과가 있다고 한다.

황소의 이빨처럼 튼실한 치아를 가졌더라도 입술이 아프다면 어찌 산해진미의 즐거움인들 있을까. 입술을 재빨리 움직여 음식물을 입안에 담지 못한다면 먹고 마시는 일이 고역이 될 것 같다.

여유롭게 차를 마시는 일이야말로 인생의 큰 즐거움일 것이다. 입술은 차를 마실 때도 용감하게 먼저 나서 그것이 차가운지, 미지근한지, 입천장이 벗겨지고 혀를 데일 정도인지를 탐색한다. 살을 에는 듯한 겨울바람으로부터 제 몸을 던져 입안의 치아를 보호하니 순망치한(脣亡齒寒)이란 말도 생겼다.

인생을 풍요롭게 해주는 신비한 음악도 입술이 큰 역할이 필요하다. 색소폰 클라리넷 같은 리드 악기는 마우스피스를 통해 호흡을 불어넣을 때 입술로 받친 리드가 떨려 소리를 만드는 것이다. 별도의 악기가 아니더라도 누구나 동그랗고 조그맣게 입술을 오므려 내는 휘파람만으로도 훌륭한 음악이다. 내가 좋아하는 휘파람으로만 부는 곡인 〈휘파람과 개〉는 언제 들어도 발랄하고 경쾌하다.

때로는 무슨 말을 하고 싶어 입술을 움찔하다가도 차마 하지 못하고 참아야 했던 때가 그 얼마나 많았던가. 때로는 불평의 말, 원망의 말, 거짓의 말을 피하지 못해 내 입술은 얼마나 마르고 파리해지고 시들해져 고통스러웠을까. 세계적인 여배우 오드리 헵번은 '사랑스러운 눈을 갖고 싶으면 좋은 점을 보고, 아름다운 입술을 갖고 싶으면 친절한 말을 하라' 는 말을 남겼다.

하루하루 아물어가는 상처를 거울에 비춰보면서 건강한 입술의 공덕을 생각하며 예전의 윤기 넘치는 건강한 입술로 회복하기를 기다린다.

치마 단상

십수 년, 전 회사 동료와 부부 동반으로 서유럽으로 렌터카 자유여행을 떠났었다. 당시엔 내비게이션도 없을 때라 미셸린 지도(자동차용 유럽전도)에 의지해야 했으니 자주 길을 잃고 차에서 내려 행인에게 길을 물어야 했었다. 대개는 남성보다는 여성이 상냥하고 친절하게 알려주는 것 같아 달려갔는데 아내는 내가 치마 입은 여성만 보면 좋아한다고 놀렸다

대개의 남성은 치마를 입은 여성에게 호감을 느끼는 모양이다. 언젠가 모 방송국에서 서로 얼굴이 비슷한 세쌍둥이 자매를 섭외하여 실험하였다. 한 여성은 여성스러운 블라우스에 치마 정장 차림, 다른 한 여성은 남성적인 재킷에 바지 차림, 마지막 여성은 중성적인 분위기의 보이쉬(사내아이 같은)한 옷차림을 하도록 하였다. 각기 다른 옷차림을 한 세 여성을 거리의 진열장 안에 나란히 세운 후 지나는 남성들에게 마음에 드는 편에 투표하라고 했다. 그 결과는 치마 정장 차림 여성이 압도적인 표를 얻었다.

치마라고 하면 허리에서 아래로 내려오는 폭이 넓은 여성의 하의를 떠올리지만 조선 시대 1527년 나온 한자 학습서인 〈훈몽자회〉에는 치마가 남복이라 되어 있는 걸 보면 남자도 입었던 것 같다. 최초에는 한 겹의 천으로 몸을 가리는 단순 소박한 형태였을 것이지만 오랜 세월 동안 전 세계 여성의 사랑을 받아왔다. 속담에 '같은 값이면 다홍치마' 라는 말의 다홍치마는 꽃다운 젊은 여자를 의미하는 것처럼 여성을 은유적으로 표현하는 말이기도 하다.

치마를 입어본 적이 없는 내게 치마란 어쩌면 평생 누려보지 못할 영원한 향수가 아닐까. 그 안에 백화가 만발한 비밀 화원이 펼쳐져 있을 것만 같고 싱그러운 꽃향기를 날릴 것만 같다. 바지는 활동에 편리한 면이 있긴 해도 치마처럼 어딘가 여유롭고 포근하게 감싸주는 맛이 적다.

서양에서도 발목만 보여도 정숙하지 못한 여인으로 취급되던 시절이 오래도록 이어졌다. 무릎까지 짧아진 치마가 세상에 나온 지 불과 백 년이 채 안 된다. 1920년대 프랑스의 코코 샤넬(Coco Chanel)이 무릎 아래 5 에서 10cm 길이로 당시로는 파격적인 '샤넬라인' 을 디자인했다. 그 후로 1966년 영국의 매리 퀀트(Mary Quant)가 무릎 위까지 올라가는 미니스커트를 발표했다. 요즘엔 한 뼘 치마란 말까지 있는 걸 보니 치마의 길이는 발목에서 시작해 무릎을 거쳐 참 많이도 짧아졌지만, 내겐 샤넬라인이 던지는 단아하고 절제된 기품이 더 사랑스럽다.

한때 치마를 입어야 보기 좋다는 생각도 여성을 억압하려는 사회적인 편견일 뿐이라며 티셔츠와 청바지를 입는 시기도 있었다. 지금은 경제적으로 사회적으로 정치적으로 여성의 역할이 빠르게 커가는 시대가 되어 자신의 여성성을 마음껏 드러내는데 주저하지 않는다.

여성들이 치마를 입고 자유롭고 당당하게 대로를 활보하는 모습은 아름답다. 이가 달달 떨리는 겨울 서릿바람에도 짧은 치마에 긴 부츠를 신고 거리에 나서는 여성을 보면 어느새 매서운 동장군의 추위도 잊는다.

아내도 결혼 전 데이트 할 때는 치마 정장 차림을 했었는데 세월이 갈수록 아름다움이나 우아함보다는 생활의 편리함에 이끌려 바지에 손이 더 많이 가 아쉽기는 하다.

길을 걷다 짧은 치마를 입은 여성이 맞은편에서 다가오면 살짝 긴장하면서 짐짓 고개를 숙인 채 지나치는 적이 많았지만, 솔직히 한 번 쳐다보지 않고 지나칠 무신경한 위인은 못 된다. 상대방이 불편할 정도로 뚫어지라 쳐다보는 무례한 일만 아니라면, 남의 시선을 지나치게 의식해 소심해지기 보다는 차라리 아름답고 청신한 모습에 당당한 눈길을 보내고 싶다.

돈을 생각하다

인생에서 중요한 것 다섯 가지를 꼽으라면 '건처재붕사(建妻財朋事)' 라고 한다는데 이들 가운데 재물은 거뜬히 세 손가락 안에 든다. 돈 걱정 좀 안 하고 살았으면 하는 생각은 어떤 이들은 가끔, 어떤 이들은 자주란 차이는 있어도 누구나 한 번쯤 생각해보았을 일이다.

갓 결혼해 아내와 나는 두 사람 누울 정도의 비좁은 반 지하방에서 신혼생활을 시작했었다. 지루한 여름 장마철엔 장판 밑바닥이 습기로 흠뻑 젖었다. 삼복더위에는 가만히 있기에도 숨이 막힐 지경이어서 방문을 살짝 열었더니 생쥐 한 마리가 쏜살같이 들어와 농 밑으로 숨었다. 그날 밤 불 꺼진 깜깜한 방에 누웠지만 이대로 잠들면 농 밑에서 쥐가 나와 나를 밟고 뛰어다닐지도 모른다는 막연한 공포와 불안감에 시달렸다. 그때 오매불망 소원이라면 하루 속히 지긋지긋한 그곳을 탈출하는 것이었다. 지금은 그때보다 몇 배나 넓고 좋은 집에 살지만 어쩐지 아직도 돈 걱정하며 사는 것은 마찬가지다.

부를 축적하려는 이유는 사람마다 제각각이겠지만 흔히들 가족의 행복을 위해서라고 생각하는 것 같다. 하지만 현실은 어떤가. 돈을 모으기 위해서 오히려 소중한 가족과 지낼 시간을 희생해야 하고 더 중요한 건강까지도 위협하는 일이 허다하다. 심지어 그렇게 애써 모은 재산이 양날의 칼처럼 가족관계의 파탄을 가져오기도 한다. 사정이 이러하니 '돈이 최선의 주인임과 동시에 최악의 주인'이라는 말이 틀림없다.

쓰고 남는 무엇인가를 저장하고 그 가치를 지키려 하는 인간의 욕망을 위해 더할 나위 없이 충직한 심복 노릇을 하는 것이 돈이 아닌가 한다. 이렇듯 본래 돈이란 사람을 위해 태어났지만 때로는 우리 삶마저 속박하고 때로는 주인행세를 하기까지 한다. 우리가 겪는 갈등과 고민의 많은 원인이 돈에서 출발한다고 해도 과언이 아닐 듯하다.

선진국의 백만장자를 대상으로 벌인 어느 설문조사에서도 흥미로운 사실을 발견한다. 뜻밖에도 그들 또한 우리네처럼 미래를 불안해하고, 어디로 가는지도 모르면서 야생마처럼 질주하려고만 한다. 바닷물을 마시면 마실수록 목이 마르고 재물은 가지면 가질수록 더 많이 원하게 되는 것 같다.

돈은 경제활동과 생활에서 꼭 필요하긴 해도 그것 하나만으로는 인생에서 진정으로 가치 있는 것을 얻지 못한다. 돈으로 호화로운 집을 살 수는 있어도 행복한 가정은 살 수 없으며 돈으로 시계는 살 수 있어도 흐르는 시간은 살 수 없다고 했다.

영어의 머니(money)는 라틴어 모네타(moneta)에서 기원했다고 한다. 로마의 여신 주노 모네타는 화폐를 관장하는 신이었는데 그녀의 주변엔 기러기 떼가 둘러싸고 있어 적들이 성을 넘어 몰래 공격을 하려고 할 때마다 요란한 울음소리를 내 경고했다고 한다. 이처럼 돈이라는 말은 그 유래에서부터 '경고' 의 뜻이 함께하고 있다는 것은 새롭다.

속설에서는 우리말 '돈' 이 세상을 돌고 돈다는 뜻에서 돌다(廻)의 어간 '돌' 에서 유래했다는 말이 있으나, 서정범 교수의 어원연구를 따르면 돌을 뜻했던 고어 '돋(石)' 에서 비롯했을 개연성이 있다고 한다. 사실 쇠붙이로 만든 옛날 엽전도 모두 돌에서 추출해 낸 것이며 돈을 뜻하는 전(錢)자에는 쇠 금(金)변이 붙고 이 금도 광석에서 나온다. 재물을 멀리하고 청렴하게 살라는 뜻으로 '황금(金) 보기를 돌같이 하라' 는 말이 있다. 흥미로운 점은 돈이 돌에서 유래되었다는 점에 비춰보면 지극히 당연한 말이 되는 것이다.

우리나라 최초의 엽전인 고려 시대 해동통보를 보면 동전의 바깥은 둥글고 안쪽에 네모난 구멍이 있다. 둥근 것은 하늘을 본뜨고 내부의 모난 것은 땅을 본떠 만들었다고 전해진다. 천지를 본떠 돈의

형상을 만든 것은 그것을 다룸에 있어 천박한 욕심을 멀리하고 하늘과 땅을 대하듯 마음과 행실을 조심하라는 뜻은 아니었을까?

시간과 돈은 끊임없이 돌고 돌며 우리 주위를 흘러간다. 행여 몇 푼의 돈에 영혼의 자유를 구속당하거나 그 위세 앞에 움츠러드는 일은 없기를 스스로 소망한다. 로또 당첨 같은 일확천금을 꿈꾸거나 부자가 되려는 허황한 꿈 대신, 있으면 있는 대로 없으면 없는 대로 안빈낙도(安貧樂道)를 꿈꾼다. 공수래공수거라 했으니 흙으로 돌아갈 때 빈털터리가 된다 하더라도 그것이 무슨 문제일 것인가.

동명이인 소동 외 2편

허 규 칠

acheon72@naver.com

여자 동창이 밤늦게 전화한 기록이 부재중 전화 목록에 있었다. 무슨 일인가해서 확인해 보았더니 전화하지 않았다고 한다.

부재중 전화 기록이 분명히 남아 있는데 본인이 아니라고 하니 내가 오히려 민망했다. 아무리 생각해도 이상해서 부재중 전화 목록에 있는 번호로 전화했더니 동창생이 아닌 다른 목소리가 받았다. 000씨 전화냐고 물었더니 그렇다고 한다. 우리 또래에는 흔하지 않는 좀 생경한 이름인데 같다고 하니 당황했다. 경상도 말씨에다 나이도 비슷한 것 같았다. 부재중 전화 기록이 있어 확인했다고 하니 상관없는 문자가 계속 와서 항의하려고 전화했다고 한다. 미안해서 경위를 설명하는데 느닷없이 끊어 버려 무안했다. 행여 번호를 잘못 눌렀나 싶어 하나하나 확인하며 다시 전화를 했다. 예의 그 여인이 말도 꺼내기 전에 화부터 낸다. 스토커로 신고라도 할 기세였다.

모르는 사람이 자꾸 귀찮게 하니 짜증도 날 것이고 의심할 수도 있었을 것으로 생각된다. 사과를 해야겠는데 다시 전화를 할 수도 없고 행여 오해를 사서 망신당할까 염려도 되었다. 나는 동창생과 동명이인 모두로 부터 오해를 받게 되어 황당했다. 무엇이 잘못 되었을까. 전화번호가 틀리지 않으면 이 퍼즐은 풀리지 않는다. 전임 동창 회장이 내게 넘겨준 전화번호를 하나하나 확인을 해 보니 내가 인계받은 번호가 틀린 것이 확인되었다. 변명의 여지없는 실수였다. 하필 이름이 같은 그 동창의 번호가 틀리다니 우연치고는 기이한 일이다.

전화번호 열 한자 중 아홉 자까지 맞았다. 아니 열한 자가 다 맞았다고 해야 정확하다. 아홉 자까지 똑 같고 열자와 열 한자도 같은 아라비아 숫자였으나 순서만 바뀌었다. 예를 들어 끝자리 두 숫자가 25인데 52로 잘못 기록된 것이다. 이럴 수도 있구나. 이름이 같고 여성이며 같은 연배의 동향인에다 전화번호 끝자리 두 자가 순서만 바뀐 희귀한 순열 조합이 생긴 것이다.

동창에게 자초지종을 얘기하니 "세상에 이런 일이"에 나올 일이라며 놀란다. 한밤중 전화로 생긴 동창의 오해는 이렇게 간단하게 풀렸는데 동명이인의 오해를 풀어야 하는 일은 숙제로 남았다. 묘책이 떠오르지 않았다. 전화나 문자로 다시 접촉할 수는 없는 일이고 그냥 넘어가자니 개운치 않다. 오해를 풀고 나의 결백(?)을 밝혀야 한다. 이심전심인지 고민하는 중에 동명이인에게 자기가 해명을 할 테니 염려하지 말라고 동창이 제안했다. 궁즉통窮則通이라더니 구원 투수로 나선 그녀가 고마웠다. 흔하지 않은 이름의 인연 때문인지 여성끼리라서 그랬는지는 모르지만 동명이인은 너그럽게 이해했고 오해는 풀렸다는 전갈을 받았다. 무거운 짐을 내려놓은 듯 홀가분해졌다. 미궁 같은 수수께끼는 그렇게 싱겁게 풀렸다. 조그만 부주의로 한동안 소동이 일어난 걸 생각하면 실소가 나온다.

살다 보면 내 뜻과는 전혀 상관없이 불편한 일이 생기기도 하고 그 일로 인해 의외의 인연이 될 수도 있다. 가볍게 웃어넘길 수 있는 사소한 일이라도 때론 의외의 방향으로 비화되어 복잡한 소용돌이에 휘말릴 때도 있다. 남을 배려하고 역지사지하며 산다는 게 말처럼 쉽지 않다는 것을 새삼 느낀다.

산수국山水菊

몇 해 전 여름날 지리산 백무동 계곡에서 장터목을 지나 천왕봉에 오르는 등반을 했다. 너덜겅이 많아 힘든 등반로지만 당일에 돌아올 수 있어서 이 코스를 택했다.

한신 계곡 가내소 폭포가 보이는 곳에 잠시 쉬면서 물이끼가 융단처럼 덮고 있는 바위틈에 활짝 핀 산수국을 만났다. 여느 꽃과는 달리 특이한 꽃차례를 하고 있고 꽃 색깔이 신비로워 야생화를 사랑하는 사람들의 마음을 설레게 한다. 가지 끝에 큰 접시를 올려놓은 듯 둥글고 큰 꽃이 화려한 샹들리에를 연상케 한다. 이른바 산방화서로서 좁쌀같이 작고 헤아릴 수 없을 정도로 많이 달린 꽃을 중심에 두고 둘레에 제법 큰 꽃이 원을 그리며 핀다. 원예용으로 개량한 공처럼 동그랗게 생긴 수국과는 전혀 다른 생김새다.

꽃 색깔도 흔히 볼 수 있는 붉거나 노란 것이 아니고 짙푸른 바다빛에서 하늘색, 남색, 연보라색까지 드가Edgar De Gas의 파스텔화처럼 정교하고, 신비롭고 화려하다. 바라보기만 해도 숲속에서 불어오는 바람처럼 상쾌한 기분이 된다. 청남석빛으로 짙푸른 산수국은 땀으로 젖은 여름 나그네를 청량淸凉하게 만드는 비방 있는가보다.

산수국의 가장 두드러진 특징은 유성화有性花와 무성화無性花가 한 꽃차례에 같이 있다는 점이다. 중심에 모여 있는 작은 꽃은 꽃잎이 퇴화하여 암술과 수술만 남은 유성화이고 둘레에 바티간의 근위병처럼 당당하게 선명한 옷을 입고 있는 것은 결실 할 수 없는 무성화로서 꽃받침이 꽃잎처럼 발달한 것이다. 무성화는 가운데 있는 작은 유성화에 벌 나비가 모여들도록 유혹하는 일을한다. 고혹적인 모습에 홀려 날아온 벌 나비가 유성화를 결실케 한다. 유성화가 결실하면 무성화는 시들어버린다. 여름 공원을 하얗게 수놓는 산딸나무 꽃도 꽃받침이 변화한 무성화로 같은 역할을 하다가 유성화가 수정하게 되면 말라 버린다. 임무를 완수한 병사가 말없이 웃는 모습이다. 가야할 때를 알고 멈출 때를 아는 깨끗한 선비의 뒷모습을 보는 듯하다.

대문 옆 반송盤松그늘에서 몇 년을 실하게 자란 산수국이 활짝 편 공작 꼬리처럼 환상적인 매무새로 꽃을 피웠다. 물을 좋아하는 나무라 조석으로 물을 주며 기다린 보람이 있었나보다. 백무동계곡이 아니라도 폭포소리가 들리고 청정한 초록이끼 덮인 계곡에 있는 것같이 심신이 정갈해 지는 기분이다. 농약도 치지 않고 비료도 주지 않았는데 절로 피는 소박한 야생화 한 그루가 안겨주는 작은 행복이다.

수국은 '변하기 쉬운 마음' 이란 꽃말을 가졌다. 아마 토양의 산도酸度에 따라 꽃 색갈이 변하는 특성을 두고 붙인 것으로 짐작한다. 중성토양에는 흰색, 알칼리성에는 붉은색, 산성에는 푸른색의 꽃을 피운다. 붉은 꽃을 피운 나무를 산성 땅에 심으면 푸른 꽃을 피우는 것이니 신기한 현상이다. 토양의 산도에 따라 꽃 색깔이 변하는 것은 수국이 유일한 식물이 아닐까 한다.

수국을 '변하기 쉬운 마음' 이라고 한 것은 성급히 붙인 꽃말일 것 같다. 오페라 리골레토에서 만토바 공작이 부른 아리아 '여자의 마음' 은 여자로 대표하는 변하기 쉬운 인간의 마음일 것이다. 조변석개, 조삼모사, 조령모개 하는 것이 사람의 마음이라면 토양의 산도에 정직하게 반응하는 수국은 한결같다. 다만 사람의 마음이 변할 뿐이다.

백로白鷺

머리에 화려한 장식깃 화관을 쓴 백로 한마리가 트럼펫처럼 목을 구부리고 모래톱에 서 있다. 익어가는 보리물결 위로 순백의 나래를 펼치고 한바탕 춤사위라도 벌일 것인가. 출연을 기다리는 대기실의 발레리나같이 긴장한 모습에 압도되어 숨을 죽이며 바라본다.

이슬 머금은 백합인 듯 청초한 몸매가 눈부시다. 날갯죽지에서 꼬리 끝으로 흐르는 매끄러운 곡선은 새댁 저고리의 동정같이 날렵하다.

백로는 여름 철새다. 주로 강변 노송 군락이나 키 큰 상수리나무 꼭대기에 둥지를 틀고 수십 마리가 집단 서식하며 번식한다. 초록이 무성한 소나무 위에 나래를 접은 새하얀 백로 무리는 겸재의 실경 산수화를 보는 듯하다. 언뜻 보면 모두가 같은 백로로 보이지만 종류가 다양하다. 그중 노랑부리 백로는 천연기념물로 지정하여 집단 서식지를 보호하고 있다.

생김새가 고결하고 청상青孀같은 냉기를 풍겨서인지 예로부터 시화의 제재로 많은 사랑을 받아왔고 절개와 청렴의 상징으로 회자되었다. '까마귀 싸우는 골에 백로야 가지 마라 성난 까마귀 흰빛을 새우나니 청강에 조이 씻은 몸 더럽힐까 하노라' 와 같이 올곧은 선비에 비유되는가 하면 '까마귀 검다 하고 백로야 웃지 마라 겉이 검은들 속조차 검을소냐. 아마도 겉 희고 속 검은 이는 너뿐인가 하노라' 처럼 표리부동하고 위선의 탈을 쓴 정상배에 비유되기도 한다.

티 없이 고결해 보이는 외양과는 달리 백로의 생태를 살펴보면 의외로 실망한다. 백로 서식지는 장터처럼 시끌벅적 소란스럽다. 꾀꼬리나 휘파람새처럼 명징明澄한 노래로 기쁨을 주는 것이 아니라 함석 통을 두드리는 듯 둔탁하고 불쾌한 소음으로 여름을 더욱 무덥게 만든다. 동물성 먹이를 먹는 탓인지 아무리 비위가 강한 사람도 견디지 못할 만큼 지독한 배설물을 쏟아내기도 한다. 냄새뿐 아니라 서식지 아래 풀을 죽여 제초제를 친 듯 맨땅을 드러내게 하고 태풍에도 의연히 버텨온 아름드리나무를 고사시킬 만큼 독성이 강해서 문제가 되고 있다. 겉 희고 속 검은 백로의 속내를 간파한 한 옛 시인의 혜안이 놀랍기만 하다.

어떤 지방 도시 학교 인근에 집단 서식지가 생기면서 학교는 수업을 제대로 할 수 없었고 인근 주민들은 악취와 소음 고통을 호소했다. 그렇지 않아도 무더운 여름날 수십 마리가 울어대는 통에 견디다 못해 집단민원을 내었다고 하니 여간 심각한 문제가 아닌 것 같다.

우포늪을 찾은 건 양파 수확이 끝나가는 초 여름날이다. 보리밭 누런 물결이 호수의 잔물결처럼 일렁이는 넓은 벌판에 종달새가 하늘높이 솟아오르며 부레옥잠과 수련이 떠있는 늪으로 안내한다. 모네의 그림처럼 수양버들이 수면에 드리우고 가시연이 짚방석 같은 넓은 잎을 펼쳤다. 우포는 골프장 두개만큼 넓을 뿐 아니라 각종 동식물의 생태가 고스란히 보존된 생태계의 보고라 유네스코 자연유산으로 신청할 만큼 소중한 곳이다. 고니를 비롯한 철새도래지로도 유명하고 멸종한 따오기를 복원하는 연구도 진행 중인 곳이다. 오랜만에 찾은 고향의 늦봄은 고요한 호수의 수면처럼 나른한 안식으로 감싸준다. 나무그늘에 앉아 느림의 미학을 즐기며 아름다운 경관에 취해 있다가 날렵한 몸매를 과시라도 하는 듯 아름다운 왜가리를 보았다. 뜻밖의 귀향 선물이라 어린아이처럼 기뻤다. 이렇게 가까이서 백로를 훔쳐보는 재미가 여간 아니었다.

정지화면같이 꼼짝 않고 서 있던 외다리 백로가 접었던 목을 길게 빼고 야간 행군하는 병사인양 조용히 움직이기 시작한다. 물속의 동태를 살피다가 날쌔게 물고기를 사냥한다. 날카로운 부리로 중무장한 백로의 전광석화電光石火같은 기습에 물고기는 속수무책으로 당하고 만다. 같은 동작을 한동안 반복하더니 배를 채웠는지 물을 박차고 날아간다. 큰 날개를 저으며 하늘 저편으로 날아가는 백로는 여전히 아름답지만 진면목을 살펴보고 나니 약육강식의 먹이사

슬속의 미물에 지나지 않는 것을 모르고 너무 과찬하지 않았나 생각한다. 백로가 고결해 보이는 것은 아마도 시인묵객의 눈을 흐리게 할 만큼 출중한 외모 때문이리라.

첫사랑은 비밀의 베일 속에 숨어있을 때 신비로운 것, 비밀의 문이 열리면 사랑의 신화는 나래를 달고 훨훨 날아가 버리고 통속한 주간지의 가십기사로 전락하고 만다. 기억속의 백로로 남겨둘 것을 생태를 엿보고 나니 남의 일기장을 몰래 본 듯 후회가 된다. 순결한 백로의 꿈에서 깨어 돌아온 현실의 망막에는 '겉 희고 속 검은' 한 마리 배고픈 철새가 오버랩 된다.

내가 지켜본 백로는 청렴한 선비의 모습도, 아취雅趣를 풍기는 발레리나도 아닌 것 같다. 추한 속내를 현란한 외모 속에 감춰 두고 위선의 털 고르기를 하는 인간사와 다를 바 없다.

갈대밭에서 개개비가 요란스럽게 울어대는 우포늪에 황혼이 깃들고 노을이 붉게 타는 하늘 저편에 한 무리 백로 떼가 줄지어 날아간다.

3부

4월의 캐론포트 외 1편

김주안

아들의 대학원 졸업식이 4월로 예정되어 있어 다른 해보다 일찍 캐론포트를 찾았다. 생각보다 훨씬 쌀쌀한 바람이 먼저 와서 이방인을 맞는다. 그래도 양지바른 쪽에는 언듯언듯 눈 인사를 건네는 노란색 민들레, 마음은 훈훈하다. 잔디도 시간을 달리하며 초록빛을 보태갔다.

햇살이 맑은 날이면 어김없이 잔디밭에 누워 일광욕을 즐기는 사람들이 눈에 띈다. 대문을 마주하고 사는 홍콩 출신 유니스는, 빙판에서 넘어져 다리를 깁스하고도 잔디밭에 의자를 갖다놓고 앉아 오랫동안 햇살을 즐기며 책을 읽는다. 유니스에게 남편은 몇 번이고 초콜렛이며 과자를 주기 원했다. 다섯 개를 가지고 가면 두 개만 먹겠다는, 캐론포트를 떠나던 날 이들을 초대하여 매운 한국음식을 내놓았다. 후후 불어가며 열심히 먹는 모습이 캐론포트의 햇살처럼 맑다.

마을길을 산책하고 있는데 jinsil park의 부모님이냐고 누군가가 물어온다. 그렇다고 했더니 친구라고 소개를 하는 것은 알아듣겠는데 다음은 빠른 말투로 뭐라 하는지 도무지 모르겠다. 그런데 한 가지 알 수 있는 것은 아들에게 보내준 한국 브랜드 패딩점퍼를 이 아이가 입고 있었다. 나중에 알고 보니 트라비스라는 이름을 가진 원주민계 학부 학생이었다. 가정 형편이 어려운 것을 알고 아들이 입고 있던 점퍼를 벗어준 모양이다. 트라비스는 우리가 캐론포트에 머물고 있는 동안 수시로 찾아와 비누며 라면 등 생필품을 얻어갔다. 돌아가는 그의 두 어깨가 삶의 무게 때문인지 늘 쳐져 보였다.

아들의 졸업식 날은 바람의 끝은 찼지만 청명한 날씨였다. 오후부터 시작될 졸업식에 참석하기 위해 한 시간 가량 떨어진 리자이나에서 딸아이도 오고 교회 목사님 부부와 친구들이 왔다. 식장 밖에서 입장을 기다리는 아들의 모습이 매우 상기되어 있다. 정말 졸업을 하는 것이냐며 몇 번을 되묻는다. 삼십여 명이 같이 강의를 들었는데 저 혼자 졸업을 하니 그간의 과정이 어떠했는지 넉넉히 짐작이 간다.

교수진들이 먼저 입장하여 강단 맨 아래에 자리를 잡으면 학부생들 그리고 MA 졸업생들 맨 나중에 단 한 명의 MDVi 졸업생인 아들이 입장하고 가장 뒷자리에 가서 앉는다. 축하객들이 가득 들어찬 가운데 졸업식 순서는 엄숙하고도 정갈하게 진행되었다.

총장은 졸업생들 하나하나에게 축하 멘트를 하며 졸업장을 건넸다. 대학원 졸업생들에게는 후드를 둘러주며 그동안의 수고에 대한 치하를 아끼지 않는다. 아들이 맨 나중에 붉은 색 후드를 받는 것으로 졸업식순은 마무리되었다.

꽃다발을 안은 채 얼굴에는 연신 웃음을 가득 채우고 있는 아들을 본다. 얼굴색이 다른 여러 나라 사람들이 찾아와 포옹을 하며 축하를 한다. 그동안 캐나다에 와서 새로이 관계된 사람들이 참으로 많아졌다는 생각을 한다. 아들은 이 모두에게 특유의 커다란 웃음소리를 내며 응수한다. 망망대해에 홀로 떨어져 죽어라고 헤엄쳐 사람이 사는 동네 속으로 들어갔다는, 처음에는 다른 언어로 말을 걸어오는 사람들이 무서워 학교식당 급식도 끊었다고 한다. 그러다가 벽 속에 갇혀버리면 안 되겠다는 생각에 다시 학교식당에서 하는 아르바이트를 자원했다. 지금은 주방장아저씨가 너의 부모님이 오면 꼭 인사시켜달라고 할 정도로 그 벽이 녹녹해졌다. 그분의 친절한 도움도 커다란 힘이 되었다고 한다.

졸업식이 끝나고 연례행사로 저녁만찬을 한다. 식사를 하면서 지도교수는 몇몇 성적 우수자들을 많은 하객 앞으로 불러낸다. 학교 안에서 밥을 많이 주는 사람으로 이름이 나 있다고 아들을 소개하면서 이곳에서 흔치 않은 일이라는 것이다. 일주일에 한 번씩은 한국인이든 아니든 초대하여 제육볶음이나 된장찌개 등 한국음식을 만들어 먹이고, 어느 날은 그 좁은 기숙사에 서른한 명까지 초대해서 파티를 연 적도 있었다. 말을 걸어오는 것조차 무서워했던 한 동양인이 많은 서양인들에게 밥을 주며 그들 속에 들어가 새로운 문화를 만들어내고 있었던 것이다.

그러한 덕분에 우리도 지구촌의 자그마한 시골 동네 캐론포트를 세 번씩이나 방문하게 되었다.

언제 보아도 마을은 적막을 그득 품고 있고 사스캐츠완의 대평원에 둘러싸여 표정 또한 다소곳하다. 고속도로를 막 벗어나 마을로 들어서면 제일 먼저 눈에 들어오는 커다란 십자가, 비스듬히 서 있는 동서를 가로지르는 캐나다 넘버원 하이웨이 안내판, 조금 더 지나면 학교 도서관이 보이고, 덤덤이 서 있는 오래된 우체국이며 그 앞으로 흙먼지를 언제나 뒤집어쓰고 있는 주차장 풍경, 그리고 가끔 자전거를 탄 아이들이 먼 거리에 떨어진 친구를 부르는 소리가 적막한 공기를 잠시 흔드는 것 뿐, 나머지 이야기들은 굳이 만들어 내야하는 한없이 평화스런 곳이다.

4년 전에 비해 달라진 것이 있다면 마을 어귀에 '캐론포트' 라고 새겨진 커다란 표지판이 새로이 등장하였고 그리고 동쪽에 자리한 공동묘지에도 묘비가 몇 개 더 늘어났을 것이다.

끝없이 푸르던 굉장한 하늘과 유리알처럼 투명한 햇살, 그리고 가끔 대평원 끝자락부터 불어오는 바람이 마을을 휘감아도 뒤척이지 않는 유연한 그 표정들을 두고 5월이 되면 우리는 이곳을 떠난다.

그러나 붉은 후드를 두르고 마음 달뜨게 했던 청명한 4월의 캐론포트를 우리는 결코 잊지 않을 것이다. 낯설고도 한없이 두텁게만 보였던 그 벽이 녹아내리도록 훈훈한 바람을 챙겨주었던, 사람들이 사는 풍경 속으로 걸어 들어갈 힘이 생기게 했던, 이 마을의 모든 생리적인 것들, 그리고 자연적인 것들, 결코 짧지 않은 5년이라는 시간의 더께들을…

우리는 두고두고 사랑할 것이다.

어떻게 되겠지

6개월 전에 비행기표를 예매하고도 좌석을 배정받지 못해 일찌감치 공항으로 나갔다. 두어 시간을 기다렸을까, 겨우 창구가 열린다. 정보에 어두워서인지 원하는 좌석은 이미 없었고 가운데만 남았는데 그것도 남편과 각각 떨어진 곳이었다. 잠시 난감한 생각이 들었으나 어떻게 되겠지 하면서 출국심사대로 향했다.

자리에 막상 앉고 보니 낯선 사람 가운데 끼여서 십여 시간을 가야하는 상황은 생각보다 많은 인내를 요구했다. 오른편은 젊은 남자가 앉았고 왼편은 중년여성이었다. 중년여성은 장시간을 가는 동안 꼼짝도 않는 반면 그래도 오른편 남자는 가끔 자리를 비켜주었다. 그럴 때마다 재빨리 일어나 볼일도 보고 아래로 붓기 시작하는 다리를 움직이며 복도를 서성이기도 했다. 나이가 들어갈수록 염려되는 것이 체력인데 아직은 그런대로 잘 버텨주고 있었다.

비행기는 15분이나 연착하여 밴쿠버 공항에 도착하였다. 다시 리자이나로 가는 국내선 비행기를 타려면 1시간의 여유 밖에 없었다.

입국심사장에 이르렀는데 대기하고 있는 승객들이 끝도 없이 늘어서 있다. 자칫 비행기를 놓칠 수도 있다는 생각이 들었다. 지나는 승무원에게 '익스 큐즈 미' 를 해가며 바디랭귀지를 섞어 말을 걸었으나 이 줄에 서 있으면 된다는 것이다. 혹여 갈아타는 비행기 시간이 촉박하니까 앞줄로 옮겨 주려나 하고 세 번씩이나 시도했지만 허사였다. 이곳 문화가 그런가 보다 하고 이번에도 어떻게 되겠지 하면서 그냥 줄을 따라 가기로 했다.

심사관 앞에 섰을 때는 무슨 말을 했는지도 모를 정도로 횡설수설했다. 연신 비행기표를 보여주며 급하다는 말을 토막단어로 몇 번인가 되풀이했던 기억만 난다.

통과라는 사인을 받고 나니 25분 밖에 시간이 남지 않았다. 국내선으로 이동하자면 거리상으로도 뛰지 않으면 안 될 상황이었다. 게이트 오른쪽으로 가서 팬벨트에 짐을 올려놓기만 하면 같은 항공사는 수속이 자동으로 되어진다는 여승무원의 말이 생각났다. 'Only AirCanada' 라는 안내문이 보였다. 짐이라도 덜어보고자 바디랭귀지를 포함해서 말을 걸었으나 의사가 충분히 전달되지 않았는지 출구로 나가라고만 한다. 비행기표를 보여 주었더라면 소통이 되었을 텐데 하는 생각이 나중에 들었다.

하는 수 없이 커다란 가방 네 개를 모두 카트에 싣고 국내선으로 이동하기 위해 온몸이 흥건히 젖도록 뛰었다. '익스 큐즈 미' 를 몇 차례씩이나 반복해 가며 겨우 탑승수속을 마치고 났는데 어느 출구에서 비행기를 타야하는지 또 물어야했다. 한국에서 받아온 오픈티켓에는 명시되어 있지 않았다. 또 '익스 큐즈 미' 를 시작으로 게이트 넘버를 물었다. 우리는 숨을 헐떡이고 있는데 공항직원은 컴퓨터 화면을 보면서 느릿느릿 29번 게이트라고 한다. 이것도 문화적인 차이인가 하는 생각이 들면서 다시 또 뛰기 시작했다. 29번 게이트는 심사대에서 가장 멀리 있었다.

29번 게이트 앞에 흥건히 젖은 얼굴을 내밀었을 때 검표하는 직원이 준비되었던 다른 티켓을 내준다. 거기에 또렷이 찍힌 내 이름을 보자 안도감이 일시에 몰려든다. 우리 뒤에도 몇 사람이 더 따라오는 것을 보고는 긴장이 풀리면서 그제서야 다리가 후들거린다. 자리에 앉자마자 연결 출구가 떨어지고 이내 출입문이 닫혔다. 이제는 어떻게 될 일 없겠지 하면서 좌석 깊숙이 몸을 놓는다.

2시간여 비행을 마치고 리자이나 공항 출구를 나왔다. 마중 나온 아들과 딸아이는 어렵고 힘든 타국생활을 꺼칠한 얼굴로 말하고 있었다. 그래도 견디며 적응해 가는 모습이 대견해서 딸아이는 내가 안고 덩치 큰 아들에게는 안겼다.

함께 나온 이곳 문학회 회장 부부는 바람이 꽤 찬데 오랜 이민생활에 잘 적응되어서인지 반소매 차림이다. 이 부부로부터 풍성한 저녁 식사를 대접받으며 그동안 쌓였던 긴장을 풀어냈다.

아이들은 우리의 팽팽한 비행기 여정을 체크하면서 걱정하고 있었다고 한다. 어떻게 되겠지 하면서 왔더니 이렇게 잘 되었다고 하니 앞으로도 잘될 거라며 소리내어 웃는다. 이렇듯 6주간의 미대륙 상륙기가 '어떻게 되겠지' 로 시작되고 있었다.

민족의 영산靈山

김 의 배

백두산에 네 차례 갔다. 처음엔 봄 사진을 찍으려고 유월의 새벽 두 시에 버스로 한 시간 넘게 달려 산장까지 가서 장비를 지고 1,400여 계단을 걸어 백두산 서파(西坡)에 올랐다. 추운 이곳은 유월이 돼야 봄이다.

고개를 들어 하늘을 보니 촘촘히 수놓은 별들이 영롱하게 반짝였다. 민족의 영산에 오른 감격에 젖어 있을 때 동녘 하늘에 서서히 여명이 밝아왔다.

어둡던 동녘 하늘이 서서히 열리고 붉은 해가 어둠을 사르며 눈부신 얼굴을 내밀었다. 백두산 천지 위로 떠오르는 해를 보는 순간 황홀감에 빠져 숨이 멎는 듯했다. 여러 번 와도 보기 어렵다는 천지를 첫 번에 봤으니 그 감동은 무어라 표현하기 어려웠다. 삼 대가 적선해야 볼 수 있다는 천지를 일출까지 카메라에 담았으니 이런 행운이 어디 있겠는가. 지인이 백두산 일출 사진을 자랑할 때 얼마나 부러웠는지 모른다. 그 사진을 내가 찍었으니 그 감격은 무딘 필설로는 다 형용할 수 없었다. 일출은 순간인데 그런 해를 렌즈에 담다니 세상의 모든 것을 다 얻은 듯 가슴은 한없이 방망이질이었다.

북파의 까마득한 절벽을 네발로 기듯이 천지로 내려갔다. 돌이 구르면 사고로 이어질 수 있으므로 한 사람씩 떨어져서 조심조심 내려갔다. 포터에게 카메라 백과 삼각대를 맡기고 카메라 한 대만 목에 걸었다. 흐드러지게 핀 노란 만병초와 빨간 좀참꽃을 앞에 두고 천지와 병사봉을 파노라마로 촬영했다.

친구가 천지에 들어가 포즈를 취하며 사진을 부탁했다. 앵글을 잡는데 빨리 찍으라고 소리쳤다. 엄살이 심하다고 했더니 발이 시려 못 참겠다고 했다. 설마 하며 들어갔더니 정말로 참기 어려운 얼음물이었다.

북파를 우측에 두고 달문 쪽으로 걸어가며 바위에 핀 두메양귀비도 찍었다. 수많은 계단을 내려가니 웅장한 두 줄기 장백폭포는 천지가 무너지는듯한 굉음과 함께 장관을 이뤘다.

나는 천지의 봄 · 가을 · 겨울을 촬영했다. 올해 칠월 하순에 여름 촬영을 위해 네 번째로 갔다. 변화무쌍한 백두산 천지는 자신의 속살을 쉽게 보여주지 않았다. 수줍은 새색시인 양 보여줄 듯 말듯 운무 베일로 가리기 일쑤였다.

일출을 촬영하기 위해 서파 산장에서 이틀이나 묵으며 새벽 두 시에 두 번씩이나 힘들여 올라갔지만, 천지를 제대로 보지 못했다. 전에는 하나의 돌계단 길로 오르내렸는데 관광객이 늘어나자 그 옆에 나무계단 길을 더 만들어 일방통행하게 했다. 북파에도 새벽 두 시에 올라갔는데 세차게 내리는 비로 허탕 치는 줄 알았는데 언뜻 보여주는 천지의 순간을 잽싸게 렌즈에 담았다. 그러나 흡족하지는 못했다.

두 번째 가을 촬영 때만 해도 북파에서 천 길 낭떠러지 아래 천지로 내려가 촬영하고 그 길로 어렵게 다시 올라왔었다. 지금은 천지로 내려가는 걸 아예 봉쇄했다. 서파에서 비공식적으로 1인당 1천 위안(한화 18만 원)을 주면 아래로 내려가 사진을 찍고 물도 뜰 수 있다고 했다. 천지는 북한 소유라서 군인들이 물고기도 잡고 사람이 천지로 내려가면 돈 받으러 오는데 동력선을 타고 오다가 기름이 떨어져 중간에서 노를 저어 와서 돈을 받아간다고 했다. 우리는 내려가려다가 날씨가 좋지 않아 포기했다.

6 · 25 한국전쟁 때 맥아더 장군의 인천상륙작전으로 북한군이 압록강까지 밀렸다가 중공군의 인해전술로 1 · 4후퇴가 있었다. 중공군이 참전한 은혜의 대가로 김일성이 모택동에게 백두산의 4분의 1을 떼어 줬다고 했다. 그러나 실제는 동파만 북한이 지키고, 남 · 서 · 북파는 중국이 관리하며 많은 관광객을 유치하여 막대한 수입을 올리고 있다. 입산료가 1인당 125 위안(한화 22,500원)이고 차비가 85 위안인데 서파에서는 매일 많은 관광객을 대형 버스 100여 대

가 아침부터 저녁때까지 연달아 실어 나른다. 북파와 남파에서는 소형 버스가 계속 관광객을 태워 나르는데 요즘 남파는 도로확장공사 중이란다.

중국이 동북공정으로 야심을 드러내고 있다. 그들은 시설을 확충하고 관광객을 유치하여 엄청난 돈을 버는데 폐쇄적인 북한은 무얼 하고 있는지 안타까운 일이다.

지금은 우리나라 사람들이 중국을 통해야만 백두산 관광을 한다. 하루속히 통일되어 우리 문인들도 우리 땅에서 백두산을 바라보고 그에 대한 문학작품을 발표했으면 하는 바람이다.

나는 백두산의 사계를 촬영했다. 어서 통일되어 가보지 못한 동파에서도 백두산 천지를 촬영할 날이 오기를 고대한다.

원 달러

윤 태 정

귀에 쟁쟁거리던 '원 달러' 라는 말이 캄보디아를 다녀온 뒤에도 환청처럼 들려 올 때가 있다. 말로만 듣던 가난한 나라의 아이들을 만나게 되었을 때 받은 인상이 아직도 지워지지 않는다. 식당이나 호텔 앞은 물론 유적지 입구에서도 원 달러를 외치는 소리는 계속 이어졌다. 관광객의 앞을 막으면서 절규에 가까운 목소리로 원 달러를 외치던 아이들의 눈망울은 너무나 순박해 보였다. 비록 남루한 옷에 비쩍 마른 손을 벌리고는 있었지만 아이들의 표정은 참으로 때 묻지 않은 순진무구 그 자체였다.

가는 곳마다 지갑 속에 들어있는 1달러짜리 지폐를 모두 꺼내어 주고 싶은 마음이 굴뚝같았다. 고작 천 원 정도밖에 되지 않지만 그들에게는 삶을 지탱해주는 큰 가치를 지닌 돈이 아닌가. 하지만 가이드는 구걸하는 아이들을 절대로 동정하지 말라고 미리부터 당부하였다. 한국 관광객들이 순수한 마음으로 주었던 돈이 오히려 그들에게 나쁜 습관을 만들어 주었다고 한다. 관광객들 사이를 매일

기웃거리며 쉽게 돈을 벌자 학교에 가지 않는 아이들이 점점 늘어난다는 것이다.

식당 문 앞에 바짝 기대어 있는 아이들은 나이를 가늠할 수 없을 정도로 골격이 왜소하였고, 쓰러질 듯 야위었다. 도시의 호텔 앞에서 본 아이들은 그나마 나은 편이었다. 빈민층들이 모여 사는 톨레샵 호수 주변의 즐비한 수상 가옥의 아이들은 더욱 초라한 행색이었다. 황토색을 띈 호수는 악취가 진동하여 호수라는 말이 무색할 지경인데도 많은 사람들이 궁핍하게 모여 살고 있었다.

배를 타고 이동하는데 멀리에서 뒤집힐 듯 말듯 출렁이는 작은 나룻배 한 척이 다가왔다. 배 안으로 연신 물이 고이는 것은 아랑곳없이 세 아이를 둔 아낙네가 억척스레 노를 저었다. 노를 저을 때마다 등에 매달린 젖먹이가 이리저리 흔들리고, 조금 큰 아이는 세상모른 채 구석에서 잠을 청하고 있었다. 그 중 가장 큰 아이는 엄마와 함께 노를 저어 이내 우리가 탄 배에 바싹 붙었다. 관광객이 탄 배에서 동냥을 하기 위해 날쌔게 노를 저어 따라온 것이다. 그들의 입에서도 물론 원 달러, 원 달러는 쉴 새 없이 흘러나왔다.

뒤뚱거리는 나룻배에서 잽싸게 이쪽 배의 난간으로 올라탄 아이가 원 달러를 외치며 손을 벌렸다. 못 들은 체하고 딴청을 부리는 사람들의 어깨를 톡톡톡 주무르며 안마사 흉내를 내기 시작했다. 나의 손은 이미 주머니 속으로 들어가 1달러짜리 지폐를 만지작거렸다. 마음 아파하는 우리의 마음을 눈치 챈 가이드는 여전히 냉정한 표정을 보였다. 학교에서 공부해야 할 나이에 동냥으로 쉽게 살아가려는 아이들에게 절대로 돈을 주지 말라는 눈치였다. 애절한 눈빛의 아이를 외면하기가 힘들었으나 나의 동정심이 그들의 먼 장래를 볼 때 도움이 되지 않는다는 생각에 슬그머니 손을 뺄 수밖에 없었다.

다른 곳으로 이동했을 때, 한 무리의 아이들이 가이드 주변을 맴돌며 우리 일행을 반갑게 환영했다. 오후반 수업을 받기 전에 장사를 하러 나온 아이들이었다. 집에서 만든 수공예품을 정당하게 팔아서 그 돈으로 학교를 다니는 아이들이라고 하였다. 하나같이 옆구리에 소쿠리를 끼고 갖가지 색깔의 팔찌를 주렁주렁 차고 있는 아이들의 표정이 티 없이 맑았다. 소쿠리에 담긴 팔찌를 모두 사주고, 준비해간 라면과 종이, 연필 등을 고루 나누어 주었더니 한국말로 연신 고맙다는 말을 했다.

아이들은 답례로 아리랑과 고향의 봄 등 귀에 익은 동요 몇 곡을 능숙한 한국말로 불렀다. 곡이 끝날 때마다 박수를 쳐주는 우리들에게 '감사합니다.' 라는 말을 빠뜨리지 않았다. 환영 행사를 모두 끝내고 '꼭 성공하세요.' 라는 말이 떨어지기가 무섭게 길게 줄을 늘어섰다. 가이드는 아이들과 일일이 악수를 하며 1달러짜리 지폐 한 장씩을 나눠주었다. 알고 보니 그동안 틈틈이 한국말과 글씨, 노래를 가르쳐 주고, 동냥 대신 공부를 해야 한다고 타일러 왔다고 한다. 이 곳에 큰돈을 들여 학교를 짓고, 우물을 만들어 주었다는 유명인사의 기사를 접했을 때보다 더 큰 감동을 받는 순간이었다.

캄보디아를 떠날 때까지도 귀에 쟁쟁하게 들려오던 원 달러는 아직도 내 귓가를 떠나지 않는다. 눈물이 고여 있는 커다란 눈망울을 가진 아이들의 슬픈 눈빛이 아직도 어른거리기 때문이다. 그 아이들이 동냥 그릇 대신 책가방을 메고, 관광지가 아닌 학교에서 마음껏 공부할 수 있다면 얼마나 좋을까. 순박한 그 아이들이 희망의 끈을 놓지 않기를 바라며 나는 아직도 주머니 속에 1달러짜리 지폐를 간직하고 있다.

모래 위의 발자국

김 재 현

언제부터였는지 한적한 겨울 바다를 그리워하게 되었다. 연륙교가 있어 반나절이면 다녀올 수 있는 가까운 서해 영흥도를 찾았다.

십리포 해변은 너른 품을 활짝 열어 살갑게 맞아주었다. 굴 껍데기를 다닥다닥 뒤집어쓴 거무튀튀한 바위 주변에 흩어진 빈 조가비가 저희끼리 무엇이라 속삭였다. 아무도 다녀가지 않은 이른 아침이라 걸을 때마다 첫 발자국이 새겨졌다. 세찬 바람을 등지려고 뒤돌아서니 저 먼 곳에서부터 이곳까지 발자국이 아스라이 보였다. 마치 지나온 내 인생의 흔적 같다는 생각이 들어 우두커니 서서 바라보다가 문득 삼십여 년 전 겨울 바다가 못 견디게 그리워졌다.

대학 신입생 시절, 다른 네 사람과 함께 미국인 가정집에서 일 년 동안 영어회화를 배우게 되었다. 상경대 4학년 누나, 공대 4학년 형, 법대 4학년 형, 그리고 캐나다 이민을 준비하는 동갑내기 여학생이었다. 처음 접해보는 생활영어도 흥미로웠고 부푼 가슴으로 인생의 꿈을 그리면서 같은 나이인 그녀와 자연스레 순수한 우정을 나누는 사이가 되었다.

학교수업, 영어공부와 아르바이트를 병행하며 바쁘게 지낸 시간은 속절없이 지나 그 해 12월이 되자 마지막 수업시간이 하루하루 가까워져 왔다. 이심전심이었던지 누군가 크리스마스이브 여행을 함께 떠나자고 하자 약속이나 한 듯 모두 찬성했다.

드디어 손꼽아 기다리던 그 날이 왔다. 일행은 서울역에서 만나 무궁화호 밤 열차를 타고 부산 해운대로 향했다. 좋아하는 사람들과 함께하는 여행이라 그랬을까? 옆구리에 차고 있는 워크맨에서 들리는 '오늘 같은 밤 ' 이란 노래가 말할 수 없이 감미로웠고 캄캄한 차창 밖을 달리는 밤의 풍경에도 낭만이 있었다. 새벽에 도착해 바닷가 옆 P 호텔에 짐을 풀었다. 모두 학생이고 용돈을 모아 떠난 알뜰여행이라 비용을 절약하기 위해 큰 방 하나만 빌렸다. 나이 스물이 되어 이성과 나란히 겨울 바닷가를 걸어보는 것은 그때가 처음이었다. 찬 겨울 바닷바람이 뺨을 에였지만 숨길 수 없는 행복과 기쁨이 가슴에 차올랐다.

꿈같던 겨울 바다 여행에서 돌아와 얼마 안 있어 일 년간의 영어회화 공부 모임도 마침내 끝났다. 겨울이 끝나가던 무렵 선배 형과 누나는 졸업해 떠났고 그녀는 이민 준비로 보이지 않았다.

입춘이 지나고 봄이 어서 오기를 기다리던 어느 날, 집으로 한 통의 편지가 배달되었다. 캐나다이민을 준비하던 그 여학생이 보낸

편지였다. 공항에 배웅 나오는 것이 싫어 미리 연락하지 않았으며 이 편지를 읽는 시간이면 자신은 캐나다로 향하는 비행기 안에 있을 거라 했다. 공항에서 작별의 인사말을 하기가 두려웠던 것이었을까? 말없이 한 장의 편지만 남기고 가버린 그녀를 원망하기도 하고 스스로 버림받은 실연의 주인공이라도 된 듯 배신을 끝없이 되뇌며 며칠을 앓았다.

그 후로 캐나다에서 서너 차례의 기별이 더 왔던 것으로 기억된다. 그곳은 눈이 펑펑 내리고 한겨울에 밖은 영하 40도인데도 사는 아파트 실내에선 짧은 소매의 옷을 입고 지낸다는 이야기며 애드먼턴에서 작은 가게를 얻었다는 소식이었다. 그마저 어느새 뜸해지더니 소식이 끊어졌다. 망각은 신의 준 고마운 선물이라던가, 그녀의 존재도 안개처럼 희미해져 갈 때 휴학을 하고 군에 입대하였다.

병역의 의무를 무사히 마치고 교정으로 돌아왔다. 3학년에 복학해 강의실에서 전공수업을 기다리던 화사한 어느 봄날, 후배가 다가와 밖에 누군가 나를 찾아왔다고 해 따라 나갔다가 깜짝 놀랐다. 천만뜻밖에도 캐나다에 이민 갔던 그녀가 내 앞에 불쑥 나타난 것이었다.

커피숍으로 자리를 옮긴 그녀는 무엇 때문에 왔는지는 말하지 않은 채 그저 한국에 잠시 들렀을 뿐이고 곧 다시 돌아가야 한다고만 했다. 수년 만에 다시 찾아왔으니 얼마나 반가웠을까만 내 기분은 그렇게 단순하지 않았다. 왠지 가슴이 쿵쾅거리고 이야기를 듣는 동안 내 공상(空想)은 비약하고 있었다. 같이 공부하던 옛 친구로서 보고 싶어 왔을까? 혹시 혼기가 되어 고국에서 결혼할 배우자를 찾기 위해 왔을까?

그날 오후 버스 정류장에서 헤어지기 전 그녀는 눈물이 글썽한 채로 학생이니 필요할 거라며 무언가를 외투 주머니에 넣어주었다. 나중에 꺼내보니 한 학기 등록금의 절반 남짓 될 돈이 들어 있어 놀랐었다. 내가 탄 버스가 떠날 때까지 그 자리에 서서 손을 흔들던 모습, 헤어질 때 고이던 그 눈물이 떠올라 안타까움과 그리움에 젖었다.

세월이 야속한 탓인지 인생이 무심한 탓인지, 그 후로 우리는 다시 만나지 못했다. 그때 왜 나를 찾아왔었는지 그녀가 솔직히 말해주었더라면, 아니 내가 먼저 용기를 내어 물어보고 따뜻하게 안아주었더라면 하는 부질없는 후회도 했었다.

오늘 십리포 바닷가 모래 위에 남겨둔 발자국은 이내 씻겨 지워질 테지만, 젊은 날의 소중했던 추억은 수십 년의 세월을 포개고 난 후에도 지워지지 않는다. 바닷가를 한 바퀴 거닐고 나와 세워둔 차로 돌아왔지만 무엇인가 두고 온 듯 허전함을 지울 수 없다. 은빛 비늘처럼 반짝이는 바다 저편을 물끄러미 바라보다 내 이십 대의 언저리를 유성처럼 스쳐 지나간 그녀의 삶은 어떠했을까 곰곰이 생각했다.

안면도 여행

이 경 란

안면도로 1박 2일 여행을 갔다. 구석구석을 자유롭게 다니고 싶고 가족 간에 이야기도 나누기 위해 자가용을 이용했다. 펜션만 예약해 놓고 나머지는 아들의 휴대전화기로 검색하고 미리 컴퓨터로 알아낸 남편의 정보를 통해 다녔다.

처음에 들린 곳은 공룡을 전시한 쥐라기공원인데 무척 넓은 장소에 다양한 공룡 모형과 실제 발굴한 뼈들이 전시되어 있었다. 평소 영화로도 보고 TV에서도 봤지만, 실제 공룡이 있었다는 것을 반신반의하고 있었다. 발굴된 뼈를 일일이 맞추어 실물을 복원했는데 엄청난 크기에 놀라고 살아 움직일 듯한 섬세한 구조에 눈이 휘둥그레할 수밖에 없었다. 그들이 아득한 옛날에 실제로 살았었다는 게 경이로웠고 그 신비를 밝힌 고고학의 힘이 놀라웠다. 전시장을 나와 너른 정원에 이르니 큰 공룡이 입을 크게 벌리고 있고 배 속 옆구리에서부터 입까지 사다리가 만들어져 있었다. 아들이 사다리를 올라가 공룡 입으로 나오니 남편은 카메라 셔터를 눌렀다. 성인인 아들이 입안에서 서 있을 정도니 참으로 거대한 작품이었다.

펜션은 안면도 바다가 눈앞에 펼쳐지는 바닷가 언덕에 있었다. 아담하고 조용한 2층 방에 들어서자 오는 동안 피로했던지 약속이나 한 듯 모두 침대 위로 누워 이야기꽃을 피웠다. 밖이 어두워지기 시작하자 준비해간 삼겹살을 구우려고 베란다로 나가보니 멀리 밀물이 보이고 이웃한 베란다에서는 벌써 고기 굽는 연기가 모락모락 나고 있었다.

아침에 일어나 해돋이 구경을 했다. 잠이 덜 깬 채 나와 보니 바다 끝 수평선이 점점 붉어지더니 곧이어 해가 모습을 드러냈다. 찬란하게 빛나는 해는 어느 세계 문화유산보다 경이롭고 웅장하다. 특별하고 거창할 것도 없이 일상으로 있는 해돋이였지만 오늘따라 신비하고 그 존재가 새삼 고마웠다.

꽂지해수욕장이 크고 좋다고 알고 있었지만, 섬에서 안면도해수욕장이 두 번째로 크고 조용하다고 해서 그곳으로 찾아갔다. 근처에 가니 "꽃게잡이 금지"라는 푯말이 있었다. 갯벌에는 조그만 구멍들이 뚫려있고 그 속에서 아주 작은 빨간색 양식 게들이 바쁘게 들락날락하고 있었다. 작은 것들이 살아서 발발거리며 기어 다니는 게 귀여웠다. 저 멀리 하늘과 이어진 수평선이 날씨가 제법 쌀쌀해서인지 파란색이 더 곱게 다가왔다. 햇볕에 반짝이며 일렁이는 물결을 바라보니 가슴 속까지 시원했다.

집으로 돌아오는 길에 마늘과 참외가 눈에 띄어 샀다. 다른 때 같으면 신경 안 쓰고 지나갈 것들이 나이가 들수록 눈에 들어오고 생활과 연결되어 진다. 마늘은 안면도 것이 좋다더니 사온지 몇 달이 지났어도 알이 실하고 단단하다. 마늘장수가 자랑하며 자부심을 가질 만했다. 올해 김장김치는 마늘이 한몫 하겠다. 즐거운 여행길에 좋은 먹거리를 사고 나니 마음속에 풍족함과 기쁨이 밀려들었다. 이런 기쁨에 여행을 하는 것이다.

해외여행에서 멋있고 웅장한 곳도 여러 곳 둘러보았다. 이젠 먼 여행에서 겪게 되는 장거리 비행의 고단함이나 긴 시간 돌아다니는 것도 부담스럽다. 그러다가 지척에 산재한 우리 땅 곳곳에서 숨어 있는 매력을 느끼기 시작했다. 삶이 힘들고 지루해지면 하루나 1박 2일 가까운 곳으로 훌쩍 떠난다. 가슴이 부풀고 호기심에 가득한 채 떠나기보다는 별다른 준비나 큰 기대 없이 그저 자유롭고 가벼운 기분으로 홀가분하게 떠난다.

나이가 들어갈수록 무슨 재미에 살까 하는 생각이 들곤 했다. 하지만 오십 중반에 이른 지금 젊었을 때 무심코 지나쳤던 일들이 소중하게 느껴진다. 젊음은 자꾸만 내 곁에서 멀어지고 있어도 그 빈 틈으로 소박하고 소소한 기쁨과 행복이 살며시 스며들어 온다.

사막에 물이 흐르고

허 규 칠

중동의 화약고같은 아프가니스탄과 이라크 현장 방문을 무사히 마치고 사우디아라비아의 수도 리야드에 내렸다. 삼십 여년 만에 찾은 리야드 공항은 완전히 새로운 면모이었다. 1970년대의 리야드는 일국의 수도답지 않게 초라했는데 마천루 숲을 이룬 오늘의 리야드는 석유부국의 면모를 뽐내듯 기라성 같은 유명 건축가들의 작품 전시장같았다. 현대적 디자인이 돋보이는 빌딩들이 숲을 이루고 휘황한 야경은 눈부신 아라비안 나이트였다.

관광 홍보 사진 같은 낙타 떼며 환상적인 조형미로 이방 나그네의 발길을 멈추게 하는 모래언덕과 가끔씩 보이는 오아시스의 야자수는 지금도 여전했다. 바쁜 일정을 마치고 그 옛날 내 청춘의 꿈을 불태웠던 주베일을 찾아갔다. 거대한 유전 도시 라스타누라를 지나자 주베일 공업단지 안내판이 보였다.

공업단지로 개발되기 전 주베일은 고기잡이 목선 몇 척이 한가하게 졸고 있는 작은 어촌에 불과했다. 기억속의 어촌 포구는 어디론가 가버리고 지금은 지중해풍의 아름다운 도시가 달콤한 유도화 향기 속에 신기루처럼 몽롱하게 떠 있었다. 주베일 시내뿐만 아니라 공업단지 전체가 녹색으로 바뀌었다. 아름드리 대추야자가 황금빛 열매를 가득 달고 부겐 빌레아가 눈부시게 피어있는 잔디밭에 스프링클러가 연신 물을 뿜어대고 있는 이 길은 당나귀 달구지가 둔탁한 방울소리를 울리며 다니던 길이었다. 모든 것이 변해버린 지금 랜드 마크가 되었던 칠 층짜리 호텔 건물만 동그마니 남아 나그네를 맞아준다. 상전벽해는 이런 변화를 두고 하는 말이지 싶다.

공단관리 기관인 로열커미션에 가서 공사 명을 알려 주며 안내를 부탁했더니 인슈알라 라며 기다리란다. 인슈알라는 부정도 긍정도 아닌 알라의 뜻에 맡긴다는 현지어인데 관습적으로 책임 회피하는 말이라서 큰 기대를 하지 않고 기다렸다. 운이 좋았던지 현지 직원이 안내를 해주었다. 거대한 공단 안에서 건물도 아닌 토목 시설물을 찾는 것은 검불밭에서 수은 찾기인데 직원의 안내를 받을 수 있다니 정말 운이 좋은 날이었다. 삼십여 년 세월이 흐른 뒤에 흔적을 찾아 나선 감회는 각별했다.

담수화 공사로 사막에 물이 흐르고 황량한 모래밭은 중화학 플랜트로 변했다. 엄청난 규모의 공장들이 가동 중인 공단을 돌아보며 석유의 위력을 다시 한 번 실감했다. 막대한 오일 머니가 아니었다면 누가 이런 사막에서 기적과도 같은 공사를 할 수 있었을까. 개인이나 국가나 힘이 있어야 일을 할 수 있고 그 힘이라는 것이 결국 부富가 아니던가.

한참을 헤매다가 드디어 해수로를 찾았다. 감격의 순간이었다. 삼십여 년이 지난 지금도 거대한 수로에 가득하게 물이 흐르고 있었다. 지칠 줄 모르고 내달렸던 청춘이 남긴 젊은 발자국이 이 수로 주변에 수없이 각인되어 있는 듯 했다. 내 젊은 날의 기념비 같은 해수로 앞에서 백발이 성성한 칠순의 나그네는 눈시울이 뜨거웠다. 기억속의 그때, 참으로 열심히 일했던 옛날이 주마등처럼 스쳐 지나간다.

섭씨 35도 정도의 며칠간 더위로 폭염경보까지 발령하며 법석을 피운 올해 삼복더위에 열사의 땅에서 숨을 몰아쉬던 그때가 생각났다. 우리 기준으로는 상상도 할 수 없는 엄청난 더위가 일 년의 대부분인 곳에서 어떻게 일할 수 있었는지. 음료수 페트병이 터질 정도의 더위 속에서도 인내는 위력을 발휘했다.

엄격한 감리로 유명했던 미국 백텔Bechtel사의 감독도 개미처럼 일하는 우리들에게 결국 감동하고 말았다. 콘크리트 온도를 맞추기 위해 드라이아이스를 넣지 않으면 가차 없이 공사를 중단시켰던 그들이 우호적으로 돌아선 것은 기적과도 같은 일이다. 우리는 세계 제일의 엔지니어링 회사로부터 원칙대로 해야 한다는 지극히 당연한 원리를 그토록 비싼 수업료를 내며 배웠다. 세계 최고층 빌딩을

건설하는 오늘의 건설한국은 그런 아픔을 먹고 피어난 선인장 꽃과 같다고 하겠다.

그렇게 혹사했던 청동빛 육신을 씻고 침대 머리맡에 붙여둔 가족사진을 보며 눈시울을 붉히고 잠드는 우리 직원과 근로자들. 그들이 소임을 다하고 태극마크도 선명한 우리 비행기를 타고 귀국할 때 약간의 소란스런 축제분위기를 탓할 사람은 없었다. 지금이라면 문제가 심각했을 것이지만 중동 건설 역군들을 따뜻이 보듬어 주었던 훈훈한 그때를 잊을 수 없다. 피땀 흘려 벌어들인 귀중한 외화가 번영한 오늘의 조국건설에 일조가 되었다면 다행한 일이라고 생각한다.

인고의 세월이 지나고 공사는 완공되었다. 첫 해외 공사를 성공적으로 마친 현장 직원들에게 회사는 부부 동반 유럽 여행이라는 멋진 보너스를 주었다.

김포공항에서 제다공항을 경유하여 파리로 가는 대한항공에 아내가 탑승했고 나는 제다에서 아내가 타고 있는 그 비행기에 탑승하여 극적인 기내 랑데부를 연출했다. 영화 장면 같은 극적 만남이었다. 아내에게 그토록 하고 싶었던 말은 결국 삼키고 말았지만 성취감과 해방감으로 몸은 솜털같이 가벼웠다. 나는 꿈길같이 달콤했던 그때를 영영 잊을 수 없다. 발아래 사막은 더욱 붉었고 홍해의 물빛은 에메랄드빛으로 반짝였다. 그림같이 펼쳐진 보스포루스 해협을 지나 유럽으로 가고 있었다. 나도, 사랑스런 나의 신부도 발칸반도를 지나가고 있었다.

세월은 가도 옛날은 남는다고 했던가. 종심의 나이에 이끼낀 역사役事 앞에 망연히 서서 주마등처럼 지나가 버린 내 젊음을 반추하고 있으니 격세지감이 든다. 여기 이 땅에 내 청춘의 숨결이 선연히 묻어 있으니 나는 아직도 그 때의 청년으로 머물고 있는 것이다.

땅끝까지 가다 외 1편

김 준 태

한반도 남단 땅끝이라 하면 북위 34도 17분 21초의 지점으로 바꿔 생각하면 바다에서 내륙을 향한 첫 지점이기도 하다.

사당역에서 8시에 만나 박상국 교장 차로 다섯이서 서해안고속도로로 목포 방향으로 가다 나주 영산포에 들려 점심을 먹었다. 영산포는 홍어와 장어가 유명한 지역으로 영산강 하류인 영산포는 옛날에 배가 많이 왕래하던 포구다. 동력선이 없던 시절, 흑산도에서 잡은 홍어가 여기까지 오자면 여러 날이 걸려 홍어는 이미 삭혀졌었다고 한다. 이런 삭은 홍어를 먹기 시작하면서 영산포가 홍어 요리로 유명해졌다 전해온다.

점심시간인데 음식점거리는 한산하다. 한 집 건너 홍어 전문식당인데 우린 등대식당으로 들어갔다. 홍어 정식 식대가 만만치 않아 4인분만 주문하려 했는데 먹다 모자라면 덤이 없다는 바람에 5인분을 시켰다. 홍어의 각 부위별로 요리한 음식이 한상 그득하다. 전, 무침, 찜, 삼합, 냉동한 애, 찌개 등 상다리가 휘도록 푸짐하게 차렸다. 부위마다 요리 법이 달라 맛도 각각이다. 명랑젓인 줄 알고 먹었는데 얼린 홍어 애란다.

어려서 고향에서는 명절이나 잔치 때 홍어를 많이 먹었다. 아버지가 십리나 되는 장에 가실 때 머슴을 데리고 가 지게에 지고 오시는 것도 보았고 소달구지에 싣고 오는 것도 보았다. 그래서 홍어를 어렸을 때 자주 먹었는데 시래기나 김치를 넣고 탕으로 끓여 먹기도 하고 날로 고추장에 찍어 먹기도 했다. 애를 생으로 먹어보기는 처음이다. 홍어의 가장 맛있는 부위도 이번에 처음 알았다. 주제넘게 내가 홍어의 제일 맛있는 부위가 어디 게 하고 수수께끼를 냈더니 답이 각각 다르다. 애가 제일 맛있는 부위라 했더니 듣고 있던 주인이 코가 제일 맛있다고 한다. 말랑말랑해 보이는 홍어 코가 생선회 접시 귀퉁이에 있는 것이라며 한 점씩 맛보란다. 아는 체 했다가 코만 땠다. 부족하면 얼마든지 리필 하는 홍어를 실컷 먹었다.

해남으로 가는 길은 남도의 금강산이라는 영암 월출산을 바라보며 지난다. 좌장인 소 박사가 도갑사를 떠올리며 들렀다 갔으면 어떠냐고 하는데 그러다보면 여행 일정을 맞출 수가 없어 그냥 직행했다.

해남의 첫 방문지로는 고산의 고택인 녹우당이다. 초급장교들이 삼삼오오 몰려나온다. 중위, 대위 계급장을 단 많은 군인들이 군사시설도 아닌 인문학당을 찾아 견학을 하는 모습이 신선해 보였다.

문무의 소양을 고루 갖춘 장교가 장차 나라의 중추가 된다면 바람직한 지도자가 될 것이다. 고목이 된 은행나무가 대문간에 자물쇠로 채워진 녹우당을 지키고 있다. 장교들도 들어가지 못하고 대문 앞에서 서성이다 돌아갔는데 우린들 뾰족한 수가 있으랴. 담장 밖으로 녹우당을 한 바퀴 돌면서 안쪽을 보려 했지만 집구조를 볼 수가 없게 되었다. 비자림으로 둘러싸인 윤씨네 조상들 묘소만 먼발치에서 보고 전시관으로 돌아가는데 붉은 단풍이 듬성듬성 남아 있다. 남국에 아직도 따뜻한 온기가 남아 있음이다.

유물전시관에 들어가 녹우당을 보지 못하고 돌아설 푸념을 전시관 관리인에게 늘어놓았다. 대학에서 수십 년간 한국학을 가르친 석학들이라지만 사전에 연락도 없이 간 우리 불찰인데 애꿎게 유물관 관리인한테 방문록도 비치하지 않은 전시관이 어디 있느냐며 투정만 하고 나왔다. 먼 거리를 왔다가 녹우당도 보지 못하고 돌아서게 되니 너무 허탈해서 그랬지만 생각해 보니 결례를 했다.

대흥사까지는 그리 멀지 않은 거리다. 내비게이션이 안내하는 대로 따라 가니 참 편리하다. 주중이라 한가로워 입구에서 주차료만 내고 대흥사까지 들어갔다. 침계루(枕溪樓)라 쓴 초서 현판 글씨가 언제 보아도 멋있다. 이 건물은 사천왕을 모시는 신각인데 사천왕상이 없는 누각이다. 대흥사는 주변에 지리산, 월출산, 대둔산, 달마산 등이 외호하고 있어 그 산의 산신령들이 절을 수호하기 때문이란다. 경내에 들어서면 대웅보전과 좌우로 백설당 세심당이 있는데 건물에 걸린 편액에 눈길이 간다. 훤칠한 대웅전 건물에 대웅보전이라 쓴 힘찬 해서체는 이광사의 글씨며, 승사인 백설당(白雪堂)에 걸린 무량수각(無量壽閣)이란 편액 글씨는 추사의 글씨다. 그 외에도 대흥사에는 국보급 보물이 9점, 전남 문화재가 7점 등 많은 보물들이 있다는데 일일이 찾아보지 못 했다.

초의선사의 동상 앞에 서니 추사와 다산 생각이 난다. 이 세 분은 진도, 강진, 해남 등지에 연고지를 두고 서로 왕래가 잦았던 모양이다. 그분들의 유적이나 유품들이 오롯이 남아 있어 발자취를 찾아 남도로 향하는 발길이 끊이지 않는 것을 보면 누가 어디서 누구와 만나 무엇을 했느냐가 매우 의미 있는 만남일 수 있다. 표충사는 임란 때 승군을 이끌고 내려와 왜군과 싸운 서산대사의 충정을 기리기 위해 만든 사당(祠堂)으로 스님과 사명당의 영정을 모셨다. 향내가 은은하게 퍼져 경건한 자세로 묵념을 하고 발길을 돌렸다.

땅거미가 들어 숙소를 찾아야 했다. 대흥사 입구로 나와 시내버스 정류장 근처에 있는 두륜산장에 숙소를 정하고 식당을 찾아 나섰으나 음식점마다 일찍 문을 닫았다. 산채백반을 잘 하는 식당가인데 모두 문을 닫았다. 한 식당에 들어가 추어탕으로 저녁 식사를 했다. 산장도 투숙객이 우리밖에 없어 산 속의 별장 같다.

아침 식사는 콩나물 국밥으로 먹고 두륜산 케이블카를 타러 갔다.

구름도 끼고 가랑비도 내려 올라가지 말자는 의견도 있었지만 그래도 예까지 왔으니 올라가보자는 의견이 많아 첫 케이블카를 탔다. 정상이 638m 고계봉이란 표지석이 있다. 케이블카 선로길이가 1600m로 50명이 정원인데 우리만 타고 올라갔다. 정상까지 나무 계단이 가지런히 놓였다.

위로 올라갈수록 시야가 넓어지는데 구름사이로 홀현홀몰하는 섬들이 간밤의 비로 목욕을 해서 그런지 싱그럽다. 섬으로 둘러싸여 바다인지 호수인지 분간이 안 된다. 여기서 보니 다도해라 한 이유를 알 것만 같았다. 청명한 날에는 한라산이 보인다지만 우중에 그것까지 바랄 수는 없고 이웃하고 있는 완도와 진도가 양 활개 같고 달마산과 해남시내도 간밤에 내린 비로 깨끗이 목욕재개를 하고 알현하는 듯 보인다.

땅끝 마을로 갔다. 항만 준설 공사를 하노라 중장비 소리가 요란하다. 포클레인은 연신 바다 속의 흙을 파 덤프트럭에 싣는 소리다. 그간 얼마나 새 단장을 했는지 땅끝 마을이 완전히 현대화 됐다. 공원이며 주택, 숙박시설 등이 새 모습으로 단장을 해 옛날 어촌 모습은 어디에도 없다. 내가 처음 해남과 완도 여행을 다녀온 것이 1980년도 여름방학 때였다. 그때만 해도 한적한 어촌으로 보길도 가는 배를 완도에 가야 탔다. 지금은 큰 항구로 발전하여 관광버스 몇 대가 섬으로 갈 배를 기다리고 있다.

많이 변했지만 그래도 땅끝의 옛 모습을 그대로 간직하고 있는 곳은 맴섬이다. 손을 뻗으면 닿을 것 같은 위치에 있는 맴섬은 수석이다. 풀도 자라지 않는 바위에 소나무 몇 그루가 그림이다. 땅끝의 아침 해는 맴섬의 소나무사이로 솟는다는데 그 비경을 못 보는 것이 아쉽다. 사진작가들 사이에는 널리 알려진 명소로 꼽힌다고 한다.

예까지 왔으니 조각공원도 보고 관광 전망대도 올라가 해상국립공원을 또 한번 조망했다. 모노레일을 타고 갈두산 사자봉에 10여m 높이로 건립된 전망대로 올라갔다. 전망대에서 보는 진도와 완도는 사이좋은 형제 섬이다. 해남에서 연육교가 놓여 배로 다니기가 도리어

거추장스럽게 되었다. 보길도로 떠나는 배가 뽀얗게 물살을 가르며 가는 뒷모습이 신작로를 새로 내며 가는 것 같다. 여기저기 양식장에는 각종 해산물들이 자라고 있을 테니 뭍의 논밭과 다를 바 없다. 날씨가 맑았으면 더 멀리까지 볼 수 있을 텐데 아쉽기만 하다.

송호리 해수욕장은 해남이 자랑하는 명소다. 모래사장 가장자리에 방풍림 해송이 길 따라 줄지어 서 있는 모습이 보기 좋다. 이 해안을 지날 때마다 들려보고 싶어 점심을 해수욕장 인근에 맛있는 음식점을 알아두었는데 미황사를 보고나서 먹잔다. 달마산 기암들이 병풍처럼 두른 미황사는 달마대사와 관련이 있는 절이라 들었다. 미황사 창건설화에는 신라 경덕왕 때 돌로 만든 배를 타고 황금색 금인이 노를 저어 와서 불경과 검은 돌을 의조화상에게 전했는데 검은 돌에서 나온 황소가 쓰러진 곳에 절을 세웠다는 전설이 전한다. 미황사 대웅전은 단청을 안 한 절로 알려졌다. 화장 안 한 소박한 미인 같은 절이다.

대웅보전의 주춧돌을 자세히 보면 해조류 조각이 선명하다. 여느 절에서나 대웅전 주춧돌에 연화문양을 조각한 곳은 흔히 보지만 미황사의 주춧돌처럼 연화무늬 기단에 게, 거북, 해파리 등이 조각된 것은 이 절 말고는 보지 못 했다. 바다의 생물을 주춧돌에 조각한 사연은 알 수 없으나 창건설화와 깊은 연관이 있는 건 아닐까. 절에 목어를 걸어 놓는 것은 흔히 보는 일이지만 주춧돌에 해조류를 조각한 것은 사연이 있을 것이다.

자하루와 만세루 편액의 글씨가 이동흥이 글씨라는데 힘 있다. 동한거 기간이라 승려들은 보이지 않고 승복을 입은 남녀 한 쌍이 방에서 나오기에 절간 사람들인 줄 알고 절 내역을 물어보려 했더니 템풀스테에 온 사람들이란다. 조용한 산사에서 며칠 묵고 갔으면 좋겠다는 생각이 든다.

해남읍으로 들어가 점심을 먹고 상경을 하려 했는데 최 박사가 진도를 못 가 봤다며 울돌목 명랑대첩지를 보고 가잔다. 의미 있는 제안이라 가보자 했다. 바람이 불고 스산한 날씨다. 진도대교를 건너 울돌목 전적지로 내려가는데 바람이 거세다. 몇 차례 다녀갔지만 해남 쪽에서만 보았지 진도에서 보기는 처음이다. 오늘처럼 울돌목의 물살이 세찬 것도 처음 보았다. 아무리 튼튼하게 건조한 목선이라 할지라도 이렇게 거센 물살을 가르고 헤쳐나가기란 노를 젓거나 돛단배로는 쉽지 않을 것 같다. 이런 요새로 적선을 유인하여 130여 척의 적선을 13척으로 함몰시킨 충무공의 전략이 얼마나 뛰어났는지 알만하다. 우린 전시된 판옥선에 승선하여 내부도 살펴보고 지휘대에 올라가 호령도 해보았다. 바람이 너무 거세어 지휘대에 올라가 오래 견디질 못 하고 곧 내려왔다.

읍내로 식당을 찾아 갔다. 배에서 얻어온 가이드북에 적힌 몇 군데 음식집을 검색해 보니 복요리가 이 겨울에 적격일 것 같아 찾아

갔다. 복국도 복국이지만 반찬 또한 맛있어 실컷 먹었다. 홍주는 이 지방 특산품인데 덤으로 한 병이 나왔다. 일행 중에 술 마시는 이가 없고 유일하게 운전하는 박 교장만 술을 마시는데 장거리 운전을 해야 하기 때문에 그도 마실 수 없어 가져가겠다니 주인도 쾌히 그러란다.

오후 4시쯤 진도를 출발하여 영암 월출산의 남벽을 바라보며 영산강 대교를 건너 목포에 당도하니 어둠이 깔리기 시작한다. 다행히 차가 적어 서해고속도로를 타고 서울에 도착하니 밤 9시가 조금 지났다. 늦은 점심을 진도에서 잘 먹어서인지 저녁 식사를 할 생각들이 없다는데 굳이 박 교장이 저녁을 먹고 가자하여 사당역에서 식당으로 들어가 간단히 먹고 헤어졌다.

장거리 운전하느라고 수고한 박 교장도 육십 대 중반인데 우리 모임에 막둥이이라 궂은일은 다 맡아한다. 벌써 여러 차례 그분 덕으로 재미있는 여행을 했다. 여행이란 누구랑 어디에 가느냐가 중요하다. 뜻이 맞는 분들이랑 1박 2일 남도여행을 다녀 온 추억이 오래 남을 것이다.

몇 번을 가도 또 가고 싶은 곳은 그 지역이 독특한 매력이 있기 때문이다. 사람도 한두 번 만나면 실증나는 사람이 있고, 만나도 또 만나고 싶은 사람이 있다. 나는 어느 쪽 사람인가. 먹어도 또 먹고 싶고 보아도 또 보고 싶은 사람이 되고 싶다.

보름간의 아메리카 여정

유치원과 어린이집 여름방학기간에 딸이 LA 어바인에 사는 남편과 딸한테 가는 편에 우리 내외도 동행을 했다. 인천 공항에서 10시 미팅이라서 6시에 집을 나섰다. 둘째 며느리가 데려다 주어 면목동 홈마트 앞에서 공항버스를 탔다. 우리가 탈 비행기는 태국 항공으로 딸이 인터넷으로 예약했다는 자리가 59 G.H.J석이다. 태국항공이 요금이 조금 싸고 사위가 영접 나올 시간에 맞춘 것 같다. 좌석이 맨 뒤쪽이라 내심 불만스러웠다. 늙은이들이 뒷자리에 앉아가자면 요동이 더 심할 거라 생각했기 때문이다. 그러나 출항하고서야 딸이 퍽 지혜롭다는 생각을 했다. 한 라인에 세 명씩 앉도록 된 자리를 나란히 앉지 않고 가운데 자리를 비어두고 양 옆 자리를 샀다. 이륙할 때까지 자리 주인이 나타나지 않아 12시간이 넘는 비행 거리를 아내랑 교대로 누워 갔으니 집에서 소파에 누워 낮잠 자 듯하며 갔다. 화장실도 가까이 있어 늙은이 자리로는 안성맞춤이다.

서울에서 25일 출발해 밤새 왔는데 이곳도 25일 오후 6시다. 퇴근

길에 사위가 손녀 재영이랑 마중을 나와 그길로 LA그리피스 천문대로 갔는데 아내 건강이 좋지 않아 산에 걸어서 올라갈 수가 없어 포기하고 헐리우드 거리로 갔다. 오후 7시가 지났는데도 어둡지가 않다. 거리는 입추의 여지가 없이 사람들이 빽빽하다. 유명 배우들의 손도장과 발자국을 보고 거리에 세워진 유명한 시계탑을 배경으로 사진을 찍는데도 줄을 서야 했다.

첫날부터 일정이 강행군이다. 집으로 갔으면 좋겠는데 딸은 젊어서 피곤하지 않은가 보다. 왁스 뮤지엄을 보고 가잔다. 역대 유명배우와 인사들을 밀납으로 만들어 전시한 박물관이다. 영화 속의 명배우들을 밀납으로 실물처럼 만들어 놓았다. 젊은 시절에 본 명화 속의 배우들 몇 명만 낯이 익다. 거의 다 돌아나오는데 오바마 대통령이 기다리고 서 있다. 악수를 하자며 손을 내밀기에 악수하는 장면을 사진으로 찍었는데 누가 보면 백악관이라도 다녀온 줄 알겠다.

헐리우드에서 어바인까지 한 시간이 걸린다. 곧바로 집으로 가지 않고 코리아 타운에 있는 북창동 순두부집에 들려 저녁식사를 하고 갔다. 값은 한국보다 비싸지만 맛도 좋고 양도 많다. 문환이가 새로 산 집이 넓고 크다. 주부도 없는 집이라 어설플 거라 생각했는데 서울 집보다 살림살이가 잘 정돈되어 있고 깨끗하다. 들어 짐작은 했지만 집안 정돈이 잘 되어 살던 집에 온 것 같다. 나는 들어가 자리에 눕고 싶은데 오랜만에 만난 딸과 사위는 이야기가 끝이 없다. 이곳에 머무는 동안 아내와 내가 재영이 방을 쓰고 재영인 서재를 쓰기로 했다.

다음 날 아침 일어나 마을을 한 바퀴 돌았다. 잔디밭, 농구장, 테니스장, 수영장까지 갖춘 마을 공동 시설이 부럽다. 아침 6시가 되니 동네 젊은이들이 모여 농구를 하는데 패스며 드리블도 잘 하고 슛도 정확해 수준급이다. 테니스장도 두 코트가 있어 아침저녁으로 공치는 소리가 끊이지 않는다. 하늘색 물이 넘실거리는 수영장은 집집마다 열쇠가 있어 수시로 이용할 수 있다. 밖에서 집으로 출입하는 문이 집집마다 있는 공동주택이지만 독립된 가옥 같고 건물 둘레로는 화단이 조성되어 있어 집집마다 다른 종류의 꽃이 피었다. 잔디와 꽃이 항상 싱싱한 것은 스프링클러가 나무나 잔디에 가려 보이지 않지만 시간에 맞춰 물을 뿌린다. 1m 폭으로 난 시멘트 길을 걷는데도 초원을 걷는 것 같다.

LA의 한여름은 비가 오지 않고 겨울이 우기란다. 그런데도 식물이 생기가 도는 것은 지하에 매설된 스프링쿨러가 시간에 맞춰 작동하고 있기 때문이다. 산책을 나온 사람들은 개를 끌고 나온 이가 많다. 개를 좋아하는 것은 세계적인 추세인가 보다.

오늘은 주말이라 서울에 있었으면 교회에 갔을 날이다. 여기서는 교회에 가고 싶어도 길도 설고 교회가 어디에 있는지도 몰라 갈 수가 없다. 대신 사위따라 가까운 비치로 나갔다. 태평양 연안의 도시라 비치가 많다고 한다. 바닷길 따라 LA쪽으로 가는데 보이는 곳마다 모래사장이다. 차 댈 곳이 없어 찾다가 차 한 대가 빠져 나간 골목에 주차를 하고 해변으로 갔다. 해변 길을 걷다 보니 해수욕 나온 사람들보다는 가족단위로 피서 나온 가정이 많다. 파도가 찰싹이는 물가로 내려가 바닷물에 발을 적셔보았다. 돌이나 바위에 굴이나 홍합류가 붙어 있을 법한데 보이지 않는다. 좁은 모래사장에서 뛰어 노는 아이들은 모래 장난을 하며 노는 것은 동서양이 비슷하다.

점심을 먹으러 식당으로 가 가족 수대로 각각 다른 음식을 시켰다. 오믈렛, 햄버거, 샌드위치 등 다섯 가지 음식이 고루 나와 한 조각씩 나눠 먹다보니 여러 가지 음식을 동시에 먹어볼 수 있어 좋았다. 생질인 승용이가 저녁 초대를 했다며 조금 일찍 돌아가잔다. 잠깐 쉬었다 가도 될 것 같다기에 쇼파에 기대어 낮잠을 한숨 자고나니 몸이 가볍다.

생질이 사는 곳은 오랜지카운티다. 몇 해 전에 한국수필가협회에서 LA 세미나가 있어 문우들과 같이 왔다가 일정을 마치고 일행은 돌아가고 나는 생질 집에서 며칠 더 머물다 간 일이 있다. 그때 요새미티 국립공원이며 샌프란시스코 등지를 구경했다. 그래서 이 집은 두 번째라 낯이 설지 않다. 여동생인 정숙이 사위 최 서방과 두 아들이 먼저 와 있다. 생질녀 주희는 한국에서 직장에 나가고 있고 그의 남편 최 서방이 아들 둘을 미국에서 공부시키고 있다. 승용이와 주희는 이종사촌이고 가령이 하고는 외종사촌이다. 재형이랑 우석이는 육촌간으로 3대가 만났다. 최우석과 차재영은 같은 대학에 다니고 있다. 확률적으로 극히 드문 기적과 같은 만남이다. 어렸을 때부터 사는 곳이 달라 거의 만난 일이 없는 사이다. 우석인 용인에 살면서 용인외고를 졸업하고 바로 미국으로 왔고, 재영인 서울에 살면서 서울외고를 나와 시립대학에 다니다가 사위가 미국으로 발령을 받아 미국 근무를 하게 되자 유학을 왔기 때문에 서로 알 리가 없다. 그런데 하늘의 별 따기만큼이나 어려운 만남이 학교에서 이루어졌다는 것이다. 낯선 미국에서 언어도 서툴고 아는 이도 없는 대학교에서 만났다니 기적적인 만남이 아닐 수 없다. 형제 간이라는 것을 알고나서부터 얼마나 서로 위로가 되었겠는가. 그들은 어떻게 육촌간이 되는지를 모르고 있어 그림을 그려가며 알아볼 수 있도록 설명을 하고서야 육촌간이라는 것이 아주 가까운 사이라는 것을 실감하는 것 같았다.

수라(surah)란 식당으로 자리를 옮겨 불고기와 해물 등으로 차린 한식을 먹었다. 식후에 승용이 집으로 다시 가 차와 과일을 먹었다. 이국에서 형제들끼리 정을 나누며 왕래하니 얼마나 좋은가. 가족사를 들려주면서 너희 부모들이 형제간에 우애가 좋았으니 너희도 그리 살라고 당부를 했다.

아래층에 있던 지환이가 올라왔다. 지환이는 승룡이 둘째 아들이다. 대학 기숙사에서 학교를 다니다가 주말이라 집에 왔다는데 기숙사로 돌아갈 시간이 되었다며 인사하러 올라와 나를 보더니 덥석 안는다. 돌아가신 저희 할머니 생각이 났던 모양이다. 그러니까 지환이가 중학교 3학년 때 보았는데 대학생이 되어 다시 만나니 할머니랑 좁은 방에서 한 주간 같이 지냈던 생각이 나나 보다. 그는 미국 시민권자라 중고등학교를 여기서 마치고 대학에 들어가 한국말이 서툴다. LA 명문대라는데 많이 커 어른스러워졌다. 재영이와 우석이가 내년에 편입시험을 보아야 한다니까 그들에게 입학에 도움이 될 만한 이야기를 해 주고 가는 것을 보니 의젓해졌다. 아이들은 성장하면서 몇 번이고 변한다. 집으로 돌아오면서 마트에 들려 생필품을 사가지고 왔다. 마트의 규모가 크고 싱싱한 물건들이 많다.

셋째 날에 캐나다로 2박 3일 여행을 떠났다. 서울에서 출발하기 전에 캐나다 여행 상품을 알아보라 했다. 사위가 미리 일정표를 짜 놓고 비행기 표까지 예약을 해두었다. 새벽 5시 반에 집에서 나와 20분 거리의 존웨이 공항으로 갔다. 국내선 비행장이라서인지 우중충하다. 그런데도 검색은 엄격하여 검색대를 통과하는데 신발도 벗고 벨트도 끌러 바구니에 담아 X-ray 검색대를 통과하는 것은 국제선보다 더 엄격한 것 같다. 이런 일을 하는 이들이 할머니 할아버지들이다.

알래스카 항공인데 좌석이 9열 C.D.E석이다. 10시에 시애틀 공항에 내려 약속 장소인 1번 배기지 크레임(Baggage claim) 쪽으로 찾아 갔다. 한 시간쯤 기다리고 있는데 한국 사람들이 한둘씩 모이기 시작한다. 가이드가 나타나 인원 파악을 하고 투어 버스로 데리고 간다. 미국 각지에서 모인 관광객들이 53명으로 빈자리가 없다. 미국사람이 운전하는 대형 OK관광버스다. 캐나다 국경선까지 한 시간 반쯤 걸렸다. 국경선을 통과하는데 비행기에서 내려 검색대를 통과하는 것과 똑같은 절차를 밟는다.

밴쿠버는 캐나다에서 제3의 도시란다. 밴쿠버 게스타운이 중심가라는데 거리에는 화분으로 예쁘게 장식해 깨끗하고 아름다운 영국풍의 거리다. 거리의 악사들이 흥겹게 연주하고 증기로 돌아간다는 시계탑이 거리의 주인 같다. 시계탑을 배경으로 기념사진을 몇 장 찍어 게스타운의 인상을 오래 간직하리라. 게스타운이란 이름은 1867년 배의 선장인 존 게시잭 다이톤의 이름을 따 "Gassy' s Town"이라 부르다가 주려 "Gstown"이라 불리게 되었다고 한다. 어디에 가나 비슷비슷한 차이나타운 구경은 생략하고 캐나다 프레이스로 갔다.

항만이 한눈에 보이는 곳에서 내려 40분간 자유시간이다. 범선 모양의 프레이스는 밴쿠버를 대표하는 상징물이라는데 1986년 엑스포를 계기로 지은 건물이라 한다. 파노라마처럼 펼쳐진 버라드만은 미항이다. 레저와 물류가 동시에 이루어진다는 항구다. 비행선과 요트가 정박해 있는 걸 보면서 우린 언제쯤 이 정도의 레저 시설을 갖추고 살 수 있을까? 화물선에 컨테이나를 선적하거나 하역하는 모습은 보이지 않는다. 깨끗하고 번듯한 건물들이 항만의 좌청룡 우백호 같이 외호하고 있는 것 같다.

멀리 바다 건너 노스 밴쿠버가 보이고 그 뒤로 하얀 눈으로 덮인 산맥이 록키산맥이라 한다. 일행 중에는 밴쿠버 여행을 마치고 록키로 간다는 사람이 여러 명 있던데 나는 저 산맥을 여기서 바라보면서 위로를 삼을 수밖에 없다.

스탠리공원으로 갔다. 1889년 영국정부가 이곳 원주민으로부터 영구 임대하여 조성한 공원이란다. 캐나다의 총독이셨던 스탠리의 이름을 딴 파크다. 시간이 없지만 보너스로 15분을 자유시간 줄 테니 사진이나 찍고 오란다. 항만의 서북쪽으로 돌출한 반도에 있는 공원으로 전망이 좋다. 대서양을 향한 프레이스는 노무현 대통령이 밴쿠버를 방문하셨을 때 숙소였다고 하니 더 친근하게 느껴진다. 버스로 공원을 한 바퀴 돌아가는데 아름드리나무들이 빽빽이 들어차 울창하다. 가이드는 또 한 번 선심을 쓴다며 "라이온게이트 조교(弔橋)"를 건너 숙소로 간다고 한다. 이 조교는 철제 다리로 개인이 만든 다리라는데 70m 높이에 길이가 130m나 되는 밴쿠버의 명물이란다. 버스 차창으로 바라보면서 가이드가 다리의 유래를 열심히 설명 하던데 건성으로 들었다. 숙소는 시내 외각지대에 있는 Comfort inn이다.

캐나다 여행 둘째 날 빅토리아 섬으로 가기 위해 Tsawwassen 페리 터미널로 갔다. 페리를 타는데 가이드가 서둘러 새벽에 출발한 이유를 알았다. 카페리를 타려고 각지에서 모인 관광버스나 화물차가 장사진을 쳤는데 우리 버스가 두 번째다. 승선까지 30여 분이 남았다기에 터미널 상가를 구경하고 왔다. 그 지방의 관광 상품을 구경하는 것도 좋은 관광이다. 상가를 끝까지 갔다 돌아와 버스에 오르니 선복으로 버스가 들어갔다. 버스 위치를 확인하고 사오층의 객실로 올라가 자리를 잡았다. 깨끗하고 쾌적한 선실에서 출항을 기다렸다.

빅토리아 섬은 말이 섬이지 캐나다에서 두 번째로 큰 섬으로 밴쿠버의 중심지란다. 1838년 토머스 심프슨이 발견하여 영국의 빅토리아여왕의 이름을 따서 명명했다는 것이다. 영국 풍으로 도시 계획이 되어 있어 영국의 도시 같다. 섬 중심가를 돌아보는데 유럽풍의 우아한 엠프레스 호텔 앞을 지나 주 의사당과 광장, 국회의사당 앞이 아름다운 정원이다. 옵숀으로 동화의 세계를 주제로 한 정교한 모형들이 가득한 미니어처 월드에 들어가 구경했다.

빅토리아에서 20여Km 떨어져 있다는 부차드 가든도 갔다. 부차드 가든은 우리나라 거제군에 있는 외도 같은 꽃 정원이다. 석회광

산이었던 이곳을 부차드 부부가 구입해 아름다운 정원으로 꾸미고 그의 이름을 붙인 공원이다. 캐나다 이곳저곳에 다니다 보니 사람 이름이 붙은 지명이나 건물이 많은데 이 정원도 그 중 하나다. 참 예쁘게 꾸며놓은 정원으로 꽃들의 천국이다. 정원구경을 하다 꽃만큼이나 예쁜 김동비를 만났다. 외대 중문과에 다닌다는 그는 용인에 산다는데 여름방학을 이용해서 혼자서 여행을 왔다고 한다. 순박해 보여 말벗도 할 겸 우리랑 같이 다니면서 행동을 같이했다. 가족 단위 여행객이 대부분이라 그도 혼자 다니다가 우릴 만나 좋아하는 눈치다.

다시 밴쿠버로 돌아가야 하기 때문에 Swatiz Bay 페리 터미널로 이동해 아침에 오던 항로를 따라 밴쿠버로 돌아 왔다. 어제 자던 숙소라서 우린 밴쿠버 코리아타운에서 내렸다. 자유롭게 거리구경을 하다가 호텔로 찾아가면 될 것 같아서였다. 밴쿠버는 치안이 안전하다니 야경을 보고 가고 싶어 용기를 냈다. 코리아타운이라서 여기 저기 한글 간판이 보인다. 우린 인사동이라 쓴 한식집에 들어가 저녁을 먹었다. 날이 어두워지는데 주변에 볼거리가 별로 없는 변두리다. 한인들이 사는 지역이라서 메인 카운티 쪽과 달리 허술하다. 그래서 돌아가기로 하고 전철역으로 갔다. 대중교통을 이용해서 숙소로 돌아가는 요령을 가이드한테 설명을 들어서다.

전철 승차장으로 갔는데 어느 방향으로 가는 전철을 타야할지 몰라 한 젊은이에게 물어 차는 탔는데 몇 정거장을 가더니 종점이라며 환승하란다. 내려서 또 방향을 몰라 여기서도 도움을 받았다. 옆에 앉은 젊은이에게 물어 보았는데 그도 잘 모르는 것 같다. 그는 호주머니에서 핸드폰을 꺼내 한참 검색을 하더니 자세하게 알려 준다. 세 정거장 더 가서 내려 버스를 타라는 것이다. 참 친절한 청년이다. 전철에서 내려서 버스를 타야하는데 여기서도 방향을 몰라 안내 간판에서 우리가 타야할 503번 버스 번호를 찾아보았지만 그런 번호가 없다. 마침 버스 한 대가 들어오기에 그 기사한테 물어보니 승강장이 다르다며 찻길을 건너 건너편 코너로 가서 타란다. 마침 우리가 타야할 버스가 대기하고 있다. 반가워 얼른 올라탔는데 버스 기사는 없고 승객만 올라탄다. 그곳이 시발점이었던 것 같았다.

버스는 출발했는데 이번에는 하차지점을 모르겠다. 몇 정거장이나 더 가서 내려야 할지 몰라 또 물어보는 수밖에 없었다. 캐나다는 정류장이 일련번호로 되어 있다. 우리가 가는 방향은 짝수 건너편은 홀수로 되었는데 다음 정류장 번호가 뜨면서 방송도 나온다. 166번 정류장에서 내리니 앞에 호텔이 보인다. 안도의 숨을 쉬고 숙소로 가려다가 들어가면 씻고 잠이나 잘텐데 주변 산책이나 하다 가자했다.

호텔을 중심으로 한 바퀴 도는데 좌우로 나무만 우거진 어두운 길을 아무리 치안이 안정되었다 하지만 무모한 짓 같아 돌아왔다. 자리에 누워 오늘 일을 생각해 보니 캐나다 사람들이 참 친절하다는 것을 실감했다. 휘슬러에 가서도 고마운 젊은이의 친절한 길 안내 덕으로 일행들과 약속된 시간에 만날 수 있었다. 캐나다 여기저기 돌아다니며 아름다운 곳도 많이 보았지만 그 중에서도 제일 인상에 남은 것은 젊은이들의 친절이다.

셋째 날 아침이다. 휘슬러로 가는 사람은 열 사람뿐이고 같이 다니던 대부분은 록키나 토론토 몬트리올 등지로 간다며 새벽 일찍 출발했다. 김동비도 여기서 헤어졌다. 우린 8시에 김성민 가이드가 손수 운전하는 차로 휘슬러로 갔다. 'sea to sky' 고속도로를 달리는데 하늘과 바다가 맞닿 수평선을 보며 달리는 해안 고속도로다. 신나게 달리다 차를 세우더니 '부랜디 와인' 폭포를 보고 오라며 가는 방향만 알려주고는 우리끼리 다녀오란다. 그리 크지 않은 폭포지만 물소리가 시원해 사진 몇 장을 찍고는 돌아왔다. 또 얼마간 달리다가 폭포 구경을 하고 오란다. 제법 큰 폭포로 힘차게 내리는 물줄기를 보니 힘이 솟고 피로가 가신다. 나무가 많고 산이 깊어 폭포가 많은가 보다.

2010년 동계올림픽이 개최된 휘슬러는 연간 눈이 9m나 내린다고 한다. 그래서 세계 최대 스키장이 있는 이곳에는 스키를 좋아하는 사람들이 겨울에는 많이 모인다고 하는데 여름인데도 많은 사람이 왔다.

빌리지 관광단지 주차장에 차를 세우더니 2시간의 자유 시간을 주면서 규모가 용평 스키장의 20배나 된다는 스키장에 곤돌라나 리프트를 타고 올라가보고 오란다. 세계에서 가장 빠르다는 대형 곤돌라에 탈 수 있는 인원이 80~100명이라는데 입구에 줄을 서 기다리는 사람이 많다. 곤돌라와 리프트가 여러 개 있는데 우린 3500m의 whistler mountain으로 올라갔다. 4000m가 넘는 산에는 눈이 쌓여 하얗다. 흰 산을 바라보는 것도 아랫마을을 내려다보는 것도 다

아름답다. 내가 지금까지 올라가 본 산 중에서는 제일 높은 봉우린데 고산병이 나지 않은 것을 보면 산소가 부족하지 않나 보다. 휴게소에서 맛있다고 소문난 버거와 음료수를 사는데 한국 청년이 달려와 물건을 날라 테이블에 놓고 간다. 이국에서 일하는 우리 젊은이를 보니 반갑고 이런 곳에까지 진출해 있는 것을 보면서 가슴이 뿌듯했다.

하산은 다른 곤돌라를 타보기로 하고 건너편 산으로 가 Blacb mountain의 리프팅을 탔다. 중간쯤 내려가다 환승장이 있어 갈아타야 했다. 그런데 이건 리프트라 가리는 것이 없어 전망이 툭 트여 오르는 승객을 향해 손을 흔들며 웃음을 나누며 내려와 통쾌했다.

내리고보니 방향을 가늠할 수가 없다. 약속된 시간은 다 되어 가는데 이 골목 저 골목을 지나도 올라갔던 길 같지가 않다. 마침 두 젊은이가 있어 빌리지 센터가 어디냐 했더니 그 중 한 젊은이가 자길 따라 오라며 집합 장소까지 데려다 준다. 일본계 캐나다청년인데 친절이 너무 고맙다. 약속시간 10분이 지나서야 가이드를 만났으니 반갑기는 했지만 일행한테 미안해 얼굴을 들 수가 없다. 식당에서 일본식 라면으로 점심을 먹고 차에 올랐다.

차가 밴쿠버 쪽으로 가다 국경선 근처 미팅장소로 갔다. 시애틀에서부터 이틀간 타고 다녔던 OK 관광버스를 여기서 만났다. 미국인 운전기사가 아내를 보더니 반갑게 맞아주며 누님이라고 능청스럽게 부른다. 여기서 미국으로 갈 사람과 캐나다 관광을 더 할 사람과 또 갈라진다.

OK 관광버스는 주유소에 들려 기름을 넣는데 캐나다 기름 값이 미국보다 싸다고 한다. 주유소에서 다른 관광버스 여기사를 만나더니 반갑게 끼어 안고 뽀뽀도 한다. 가이드 말이 부부간이란다. 그쪽 차가 먼저 떠났는데 운전수는 슈퍼에 들어가 빵과 노란 사과를 사가지고 나오면서 우직우직 맛있게 먹는다. 아내 곁으로 오더니 초콜릿을 한 통 주면서 누님누님 한다. 그간 누님이라 했던 것이 조크라 생각했는데 그게 아니었나 보다. 그가 빵과 사과를 먹는 것을 보면서 식사시간도 따로 없이 열심히 뛰는 모습이 직업전선이 얼마나 고행인가 싶어 측은한 생각이 든다. 국경선을 넘어 시애틀 공항에 우릴 내려주고 그는 또 다른 손님을 싣고 캐나다로 간다고 한다. 그는 시애틀 공항에 내려주고 한국말로 누나 형님 바이바이 하는 걸 보니 한국 관광객 전용 버스 기사답다.

시애틀 공항에서 알래스카 항공을 타고 LA공항에서 내렸다. 밤 12시 반인데 문환이랑 재영이가 마중을 나왔다. 한 시간을 달려 어바인 집으로 왔다. 집이 얼마나 편하고 좋은 안식처인지 여행에서 돌아와 보니 알겠다. 문환이는 와인 한 잔 하고 자라는데 사양하고 방으로 들어와 씻고 자리에 들었다.

7월 30일 아침 일찍 아내랑 산책을 나갔다. 길 표지판을 꼼꼼히 기억해가며 멀리 보이는 산을 향해 걸었다. 산기슭에 대단위 택지를 조성하고 있다. 주택가 주변을 산책하는 사람들은 많던데 등산을 하는 사람은 없나 보다. 산에 오가면서 한 사람도 못 만나다보니 은근히 두려운 생각이 들어 산 기슭에서 돌아왔다.

낮에는 재영이 차로 마트에 다녀왔다. 20여 분 거리에 있는 한인마트에는 한국교포가 많다. 한국 동네 마트에 온 것 같다. 야채, 과일, 해산물, 공산품 등이 한국의 마트와 다를 바가 없다. 장보기를 하고 나와 인근 다른 마트도 들렀다. 물품 진열부터 분위기며 상품의 질이 한 등급 위다. 과일과 빵을 사가지고 집에 돌아와 내일 떠날 여행 준비를 했다. 한국이 찜통더위라 하는데 여기도 덥기는 하지만 그늘로 들어가기만 하면 견딜 만하다.

3박 4일 일정으로 온 가족이 Yellowstone과 그랜드티톤 국립공원으로 관광을 갔다. 아침 일찍 존웨인 공항으로 나가 비행기를 탔다. 약 두 시간 걸려 솔트레이크 공항에서 내렸다. 대합실에 마중 나온 사람들이 많아 유심히 살펴보니 젊은 청년을 반갑게 맞는 가족들이다. 세계 각지로 선교하러 갔다가 임기를 마치고 돌아오는 아들이나 남편을 맞으러 나온 몰몬교도들이란다. 유타주에 있는 솔트레이크는 몰몬교 성지다. 전 인구의 75%가 몰몬교도라는데 그들은 의무적으로 2년 이상 세계 각지로 나가 선교를 다녀와야 한다는데 선교

임무를 마치고 돌아오는 이들이라니 얼마나 반갑겠는가? 군에 간 아들이 몇 달 만에 휴가를 나와도 그리 반가운데 이들은 2년 간 외국에 가서 선교를 해야 한다니 말이다.

캐나다는 OK관광으로 다녀왔는데 이번 여행은 삼호관광이다. 미국에서 한국인을 상대로 관광업을 하는 회사들이라 들었다. 미국 각지에서 모인 관광객이 솔트레이크 공항에서 만나 옐로스톤 관광 투어가 시작된다. 가이드 박태호 씨는 자기소개를 하며 관광 일정을 말했지만 나는 미리 공부를 하지 않고 따라온 터라 깜깜하다. 솔트레이크 시내로 들어가는 입구에 무지개처럼 생긴 아치를 세우고 그 위에 비상(飛翔)하는 갈매기 상이 있다. 갈매기가 몰몬교와 관련이 있다고 하는데 솔트레이크에 본부가 있다. 초대 몰몬교 개척자는 조셉 스미스(joseph smith 1805~1844)인데 이들이 이곳에 정착하여 황야를 개척하고 농사를 지어 첫 수확에 부풀어 있었을 때 메뚜기 떼들이 날아와 농작물을 모조리 먹어 치어 실의에 빠져 있었다고 한다. 그때 어디서 갈매기 떼가 날아와 메뚜기를 잡아먹고 몰아내 그 해 농작물을 수확했다니 기적이 아닐 수 없다. 그래서 갈매기는 몰몬교를 상징하는 새가 되었다고 한다. 솔트레이크는 내륙지방이라 바다와는 멀리 떨어져 있고 Great Salt Lake(큰 소금호수)가 있을 뿐인데 갈매기 떼가 메뚜기를 몰아냈다는 것은 기적이 아닐 수 없다.

시내로 들어가 점심을 먹고 주청사 구경을 했다. 이곳 시간은 LA보다 1시간이 빠르다. 주청사는 워싱턴 의사당과 동일하게 설계한 대리석 건물이다. 건물 내부에 대리석 기둥 십수 개가 건물을 지탱하고 있는데 미인의 다리 같은 기둥이다. 우아한 멋을 풍기는 의사당의 중후한 맛은 벽에 걸린 초상화들이다. 마치 대성전에 들어온 느낌을 갖게 한다.

다음 관광지로 가는 길은 끝없이 이어지는 평야지대를 지난다. 한국의 농촌과는 사뭇 다른 농장이다. 농작물이 싱싱하게 자라고 있는데 농부나 농가는 어디에도 보이지 않는다. 구역마다 100m도 넘는 긴 스프링클러는 잠자리가 날개를 펴고 앉아 있는 것 같다. 가이드 말로는 블루베리 농장이라는데 지주는 농사짓는 일에 걱정할 필요가 없다고 한다. 농장주는 영농회사와 계약 재배를 하는데 농토가 몇 에이커인데 거기에 어떤 농작물을 심겠다고 하면 회사에서 나와 농사를 다 짓는다고 한다. 농기계 회사에서 밭을 갈아 놓으면 씨 뿌리는 회사가 씨를 뿌리고 농약이나 거름을 주는 회사에서는 그 일을 해서 농작물을 길러놓으면 수확 때도 수확회사에서 나와 일괄적으로 추수를 해 농장주는 농비를 다 제하고 수익만 챙기면 된다고 한다. 이렇게 농사일도 분업이 되어 지으니 우리나라처럼 좁은 농토에서는 상상도 할 수 없는 농법이다.

버스가 두 시간 쯤 달려 'Crystal Hot Spring' 인디언 온천으로 들어간다. 옵숀 20불의 노천 온천이다. 서울에서 사온 수영복을 처음으로 입고 탕에 들어갔다. 온도별로 몇 군데 풀이 있는데 노천탕이라 햇볕이 따갑다. 온탕 열탕을 이쪽저쪽으로 옮겨 다니며 온천욕을 했지만 20$이나 준 온천장치고는 시설이 너무 허술한데 온천 효험은 있나보다. 아내가 서울에서 출발할 때 허리가 아프다고 해서 걱정했는데 온천욕을 하고는 옐로스톤 관광지를 다니는 동안 아프다는 소리가 없었다. 포카텔로에 가서 저녁 식사를 하고 Ameritel에서 숙박을 했다.

8월 1일 곰들의 천국 Bear World로 갔다. 곰만 있는 줄 알았는데 자연 동물원이다. 버스로 동물원을 돌아보는데 버팔로, 곰, 사슴들이 관광객을 의식하지 않고 한가롭게 누워 있거나 풀을 뜯고 있다. 나이 탓인지 희귀한 동물들을 보아도 별로 감동이 없다. 어린이들이 보면 좋겠다. 동물원을 돌고 나와 사람을 따르는 사슴들과 양, 염소들의 우리로 들어가 사진도 찍고 먹이를 주면서 동물들과 함께하는 시간을 보내다 다음 행선지인 West Yellowstone City로 갔다.

산림이 우거진 산인데 곳곳에 고사목 지대가 있다. 뜨거운 지하수가 지표면에 흘러서인 것 같다. 하얗게 백골이 된 고사목 지대가 군데군데 있는 걸 보니 나무가 저렇게 크는 동안에는 성장 환경이 좋았기 때문이었을 텐데 어느 시점에 지열이 발생하여 나무를 고사시킨 것 같다. 나무들도 생물이라 고사하기까지는 큰 고통에 시달리다가 서서히 죽었을 것이다. 생각해보면 너무 가혹한 시련에 시달리다가 죽었으리라. 처음에는 산불로 인해 고사목 지대가 된 줄 알았는데 군데군데 고사목이 있는 걸 보면서 필시 지하수 영향일 거란 생각이 들었다.

Old Faithful로 갔다. 정확히 50분에서 한 시간 사이에 뜨거운 물기둥이 삼사십 미터 높이로 분출한다. 그 장관스런 관경을 보려고 관광객이 모여든다. 분출 시간을 못 맞추면 기다려야 한다. 한 시간쯤을 기다렸다 분출을 보는데 여기저기서 환호한다. 주변 이곳저곳에서 간헐천이 흐르는데 물이 냄비에서 보글보글 끓는 것 같다. 뜨거운 물이 솟는 주변의 바위는 붉고 노랗게 물들어 그 빛이 아름다

워 옐로스톤이라 부르게 된 것 같다. 우린 Mammoth Hot Spring 등 보글보글 끓으며 솟는 온천 지대를 가까이서 보았다. 나무다리를 만들어 놓아 그 길을 따라 돌아 볼 수 있게 시설을 했다. 지구의 곳곳에 이런 용천이 있어 일본의 북해도나 규슈지방에 많고, 터키에 가서도 하얀 석회석을 분출한 설산 같은 석회산을 보았다. 이 공원은 워낙 넓어 동서남북에서 진입할 수 있다고 하는데 우리 버스는 공원 북쪽 가디너로 가서 저녁을 먹고 Yellowstone Village 호텔로 갔다.

3일째 아침식사는 호텔에서 하고 버스를 탔다. 계곡으로 떨어지는 폭포의 높이가 93m란다. 폭포는 역동적이라 보면 힘이 솟는다. 옐로스톤의 그랜드캐년이라고 하는 West Thumb(서쪽의 엄지) 등을 관광했다. 흑탕물이 부글부글 끓는 것이 가마솥에 팥죽을 쑤는 것 같다. 참 신기한 지역이다. 뜨거운 물이 솟구치기도 하고 머드가 부글부글 끓고 호수에서 뜨거운 김이 뭉게뭉게 피어나고, 지구 중심에 얼마나 뜨거운 용광로가 이글거리고 있기에 이렇게 지역에 따라 여러 가지 색깔의 머드를 분출하는 것일까. 자연의 오묘함은 볼수록 신비롭다.

Jackson Hole 녹각공원을 지나면서 가이드가 록펠러 부인이 만든 공원이라 한다. 동서남북으로 난 네 출입구가 아치형인데 문들을 모두 녹각으로 만들었다고 한다. 그러니 얼마나 많은 사슴을 길렀는지를 알 수 있을 것 같다. 여행 일정표에는 녹각 공원이라 쓰여 있어 그 공원 구경을 하고 사슴뿔을 사라 할 줄 알았는데 그냥 지나면서 간단히 소개만 했다. 옐로우스톤 공원에는 오토바이족도 많다. 시원스럽게 달리긴 하지만 요란한 소리를 내며 곡예를 하듯 차 사이를 비집고 달리는 모습이 아슬아슬해 소름이 끼친다.

옵션 35불을 내고 1045ft 랑데뷰산에 Tram(전차 혹은 광차)을 타고 올라갔다. 미국의 록키라고도 한다는데 4천여 개나 되는 산으로 이루어진 산맥이며 눈이 쌓여 하얗다. 점심이라며 도시락을 나누어준다. 먹을 곳을 찾다가 미소 정상들이 묵었다는 호텔 로비에서 록키의 설경을 바라보면서 먹었다. 이렇게 전망 좋은 곳에 호텔을 지을 생각을 한 안목이 탁월하다. 로비에서 도시락을 먹도록 개방된 호텔도 처음이다. 버스는 다시 출발하여 포카텔에 가서 저녁 식사를 하고 Ameritel 호텔에서 일박을 했다. 여행은 아는 만큼 보인다지 않던가? 숙소에서 옐로스톤 국립공원에 관한 유인물을 통해 공부를 좀 했다.

미국 최초의 국립공원으로 세계에서 세 번째로 큰 공원이다. 미네랄이 풍부한 온천수가 흘러내리면서 바위 표면이 노랗게 변색되어 옐로스톤이라 불렀다. 온천수를 분출하는 간헐천이 1만여 개나 되며 그 중에서 올드 페이스풀 간헐천이 관광 포인트다. 옐로스톤 호수가 해발 2000m 상에 있는데 폭이 14마일, 길이가 114마일, 깊이가 320피트란다. 요소요소에 캠핑장이 있어 캠핑카로 가족단위 여행객이 많은 공원으로 삼 개 주에 속해 있어 이 공원은 동서남북에서 진입할 수 있다니 그 규모를 나는 짐작할 수 없다.

오늘은 오던 길을 되돌아 솔트레이크로 가는 날이다. 올 때처럼 돌아가는 날도 Lava Hot Spring 인디언 온천에 들려 온천욕을 하는데 역시 옵션이 20불이다. 노천 온천인데 처음 한 크라이스텔 온천보다는 넓고 아이들이 좋아하는 슬라이더도 있다. 이곳저곳에 온·냉탕이 있어 옮겨 다니며 피로를 풀었다. 슬며시 빠져나와 아이들을 따라 올라가 50여 미터나 되는 슬라이더를 타 봤다. 하강 속도가 빨라 정신이 아찔했다. 그래도 타 보았다는 자신감으로 가슴이 뿌듯하다. 가랑비가 내려 좀 일찍 온천욕을 마치하고 나왔다.

솔트레이크로 돌아와 몰몬교 성전 구경했다. 넓은 예배당에 의자가 가지런하고 정면 강대상은 우리나라 큰 교회 같지 않고 단조로운데 특색은 정면의 파이프 오르간이 돋보인다. 세계 최대의 파이프 오르간이라는데 정면에 두 대씩이나 설치되었다. 연주를 한 번 들어 봤으면 좋겠는데 아쉽다. 이 파이프 오르간 반주에 맞춰 찬송을 부르고 예배를 드리면 경건하고 은혜스러울 것 같다. 예배당 첨탑엔 석양의 햇살이 반짝이는데 교주의 동상이 시내를 향해 설교를 하는 듯하다.

한 시간쯤 시내 구경을 했다. 거리가 깨끗하고 조용하고 아름답다. 분수대 물줄기가 반원을 그리며 떨어지고, 분수대 주변에 화초들도 예쁘게 자라고 있다. 품위 있는 거리다. 상점마다 윈도에 걸린 상품들이 고급스럽고 진열도 조화롭다. 주어진 시간이 너무 짧아 아쉽다. 5시 비행기 시간에 맞춰 공항으로 갔다. 3박 4일간의 옐로스톤 관광도 좋았지만 집에 오니 집이 얼마나 고마운 곳인지 새삼 느껴진다. 여행이 아무리 좋아도 안식처로는 집만한 곳 없다. 사위가 고맙다. 옐로스톤 여행은 생각지도 못했는데 가족이 함께 여행을 다녀올 수 있었으니 말이다. 사람들은 딸이 좋다고 한다. 딸이 있어야 비행기를 탄다는 이야길 우스갯소리로 들었는데 우리도 딸 덕에 여행을 잘 했다.

집에서 하루 푹 쉬었다. 낮잠도 자며 오전을 보내고 저녁 때 아내랑 산책을 나갔다. 며칠 전에 차로 다녀온 마트에 걸어서 가보자 했다. 코너마다 눈도장을 찍어가며 걸었다. 지난 번 재영 차로 마트에 가면서 길을 유심히 보아두었는데 그 기억을 더듬어가며 찾아가는데 길을 걸어가는 사람은 우리뿐이다. 코너나 건널목을 건널 때는 표지물을 꼭 기억해 두려했지만 몇 발자국 안 가서 잊어버린다. 햇볕만 따갑지 않으면 얼마든지 걸을 것 같은데 아내는 다리가 아픈지 쉬어가자지만 큰길이라 쉴 곳이 마땅치 않다. 한 시간쯤 걸었는데 길 건너편에 넓은 주차장이 보인다. 마트 같아 무조건 길을 건너 그쪽으로 가 보니 마트는 맞는데 우리가 가 본 마트가 아니다. 건물

안으로 들어가 보니 건축자재부터 집안 살림도구란 도구는 다 있다. 화분 정원수까지 없는 게 없다. 우리나라 철물점이나 건축자재 백화점이다. 다리가 아파 더 구경할 수가 없어 목책에 걸터앉아 쉬었다가 돌아가기로 했다. 정작 가 보려던 마트는 찾지도 못 하고 오던 길을 되돌아오는데 다리가 더 팍팍하다. 갈 때 보아둔 정자가 있는 공원에서 쉬고 있는데 딸한테서 전화가 왔다. 두 시간이 지나도록 돌아오지 않으니 걱정이 된 모양이다. 돌아가는 중이니 염려 말라고 안심 시켜 놓고 또 걷기 시작했다. 걸음도 느린데다 기억력까지 떨어진 아내가 가는 길이 맞느냐며 몇 번씩 확인한다. 집에 와 보니 2시간 반이 걸렸다.

8월 5일, 오늘은 멕시코에 가는 날이다. 8시에 가이드가 집 앞까지 데리러 와서 그의 차로 갔다. 딸이랑 셋이서 그의 승용차로 멕시코 국경선을 한 시간쯤 걸려 쉽게 통과했다. 국경을 넘어 멕시코 쪽에서 보니 이중 삼중의 철조망과 장벽이 처져 있다. 가이드 말에 의하면 미국으로 밀입국하려는 사람이 많아 그걸 막기 위함이란다. 멕시코 국경지대의 주택들은 난민촌 같다. 기회만 있으면 미국으로 월경하려고 전국에서 모인 사람들이 사는 마을이라서 그렇다고 한다. 그러나 조금 더 들어가니 산등성이에 저택들이 많은데 그런 집들은 미국사람들의 별장이거나 그들이 사는 집이란다. 미국보다 집값이 싸서 전망 좋은 언덕에는 미국사람들이 사는 집이라 보면 맞을 거란다. 국경에서 엔 세나다(ENSENADA)시까지는 한 시간도 안 걸린다. 이 도시는 미국의 한 도시를 옮겨 놓은 것 같고 치안도 안정하다고 한다. 땅이나 인건비가 싸서 미국사람들이 경영하는 봉제공장이 많이 들어와 있다고 한다.

우린 한 어촌에 들렀다. 고기잡이배에서 갓 잡아온 생선을 직접 판다. 도미 비슷한 생선인데 배를 갈라 내장과 머리, 지느러미를 떼어내고 판매하는데 내장과 머리는 갈매기 먹이다. 갈매기 떼들이 사람을 무서워하지 않고 모래사장에 날아와 먹이다툼을 한다. 꽤 넓은 해수욕장으로 물놀이 나온 사람들도 많다. 미국의 비치처럼 화려한 옷차림은 아니지만 가무잡잡한 피부가 건강해 보인다. 이동매장에서 과일 주스 한 잔 씩 마시고 차로 돌아왔다.

이번에는 엔 세나다 항구로 갔다. 꽤 큰 항구다. 수만 톤급 여객선도 정박해 있고 사람들이 활발하게 움직이는 중소도시다. 가이드가 승선장으로 가더니 유람선 표를 사왔다. 한 사람당 3달러씩이란다. 항구를 한 바퀴 도는데 물이 맑고 멀리 나가서 항구를 보니 아름다운 항구다. 인상적인 것은 물개들이다. 물개들 휴식처를 몇 군데 만들었는데 거기 와서 낮잠도 자고 일광욕도 하는 것이 사람들과 친화적이다. 배가 가까이 가도 눈만 껌벅거릴 뿐 사람을 겁내지 않는다. 30여분 만에 원 위치로 돌아왔는데 승선장이 여러 군데 있는 걸로 보아 관광객이 많이 오나 보다.

주차장으로 나가다가 멕시코에 온 기념으로 모자를 샀다. 사고 보니 100% paper라 되었고 made in china다. 촉감이며 보기에 왕골 같았는데 종이 모자라니 날이 흐리거나 비 오는 날에는 써서는 안 되겠다는 생각이 든다. 겉으로 보기엔 종이로 만들었다고는 믿기지 않는 가볍고 시원한 모자다. 주차장으로 돌아와 보니 옆 건물이 생선 시장이다. 각종 생선이 많아 집이 가까우면 사고 싶은 생선들이다.

숙소가 멕시코 엔 세나다 비치에 있는 에스테로(ESTERO BECH) 109호실이다. 시설과 전망이 평생 한 번 만나기 쉽지 않은 너무 좋은 방이다. 지금까지 동서양을 막론하고 여러 나라로 여행을 다녀봤지만 이렇게 멋진 방에서 자 보기는 처음이다. 석양 햇빛이 태평양에 반사하여 금린 은린으로 반짝이고 야자수가 듬성듬성 서 있다. 남국의 정서를 물씬 풍기는 비취 호텔로 창을 열고 몇 걸음만 나가면 호수처럼 잔잔한 태평양이 끝없이 펼쳐진다.

에스테로 비치 사장은 이 광활한 땅에 호텔도 짓고 문화시설과 캠프장도 만들어 많은 사람들이 휴식할 수 있는 휴양지를 개발 중이란다. 가이드 백 씨는 이 휴양지의 오토 캠프장을 장기 임대하여 캠핑카 두 대로 멕시코 전문여행 가이드를 하는 사람이다. 우리 잠자리는 비치에 잡아주고 당일 저녁 식사는 캠핑카에서 먹도록 프로그램을 짰다. 저녁 식사 시간까지 박물관이며 호텔 주변을 산책하다가 캠프장으로 오라 했다. 박물관 입장료는 무료다. 마야시대의 조각품과 도자기류, 마야여인의 초상화, 십자가에 못 박힌 예수상이며 조개껍질 등 상당히 많은 작품이 전시되었다. 조개껍질이 크기도 하려니와 빛깔이 곱다. 친구 중에 옛날에 자개농 가게를 한 이가 있어 그때 그 가게에 자주 놀러 다니다가 농과 화장대를 산 일이 있다. 그 친구가 자개를 중남미 쪽에서 수입을 해다 쓴다며 쌘 풀로 가져온 조개껍질을 본 기억이 난다. 전시된 여러 가지 조개껍질을 보면서 이 나라는 옛날부터 크고 아름다운 조개가 많이 잡혀 그 껍질을 공예품으로 승화시킨 작품들이다.

저녁상을 차렸는데 진수성찬이다. 비록 캠핑카라 분위기는 호텔만 못하지만 음식을 잘 차렸다. 그는 멕시코 요리사를 고용하여 한국인 관광객을 위해서 별식을 준비했다. 우럭, 광어회에 전복, 해삼, 키조개, 성게 알 등 푸짐하게 차렸다. 양이 많아 회는 절반쯤 먹고 매운탕으로 저녁을 맛있게 먹었다. 멕시코에 와서 회와 매운탕을 먹을 수 있다니 행운이다. 그는 백사장 앞 갯벌에서 연한 함초를 뜯어 해풍에 건조해서 만들었다며 함초 자랑을 한다. 우리나라 해남이나 신안 섬에서 채취해 함초소금을 만들어 파는 것을 한 병 사다 먹은 일이 있어 함초가 좋다는 것은 알고 있었다. 하지만 태평양의 청정지역에서 채취한 것을 손수 만들었다니 솔깃해 아이들 선물용으로 다섯 봉을 샀더니 함초가루 한 봉을 덤으로 준다. 내일 아침 낚시를 해 보라며 낚싯대랑 미끼를 챙겨주어 그걸 들고 해변을 걸어 숙소로 왔다.

잠에서 깨어 커튼을 저치니 바다가 호수처럼 잔잔하다. 자리를 박차고 낚싯대를 챙겨들고 바닷가로 나갔다. 수초 사이로 빨간 고기 떼가 왔다 갔다 하니 마음이 급해진다. 그런데 낚싯대는 말을 듣지를 않는다. 낚시한 지가 20년이 넘어서인지 닐 낚시 던지는 요령을 잊었다. 옛날에 민물낚시를 자주 다녔지만 바다낚시 경험도 몇 차례 있다. 닐을 아무리 던지려 해도 코앞에 떨어지고 하니 딸이 옆에서 답답했던지 이렇게 저렇게 해보라 했지만 역시 안 된다. 100여m 앞에서 낚시를 하고 있는 젊은이가 있어 그쪽으로 도구를 들고 가서 다짜고짜 익스큐스미하고 던지는 요령을 배웠다. 그때서야 낚싯줄이 원을 그리며 멀리 나간다.

이렇게 몇 번을 던져 봤지만 입질이 없다. 낚시는 인내가 필요한데 그걸 이겨내지 못하고 잔꾀를 부려봤다. 바로 방파제 수초사이에서 노는 고기 앞에 미끼로 유인해 보았지만 역시 물지를 않는다. 그러다가 낚시가 바위에 걸려 빠지질 않는다. 아무리 당겨 보아도 빠지지 않아 결국 낚싯줄을 끊어버리고 낚시를 포기하고 숙소로 돌아왔다. 아내가 잡았느냐기에 큰 고래가 물어 낚싯줄을 끊고 달아났다 했더니 순진한 아내는 그 말을 믿고 못내 아쉬워한다.

아침 식사는 호텔 식당에서 먹었다. 해가 뜨는 방향 야외에 식탁을 마련했다. 음식도 깔끔하지만 태평양을 바라보며 식탁에 앉으니 분위기에 취해 밥을 어떻게 먹었는지 모르겠다.

약속 시간에 가이드 차가 와서 엔 세나다 시내로 나왔다. 산등성이에서 시내구경을 하고 언덕을 넘어 국경지대 바닷가 관광지인 티화니로 갔다. 바닷가 골짜기 바위틈에서 분수처럼 간헐적으로 물을 뿜어내는 모습이 장관이다. 출렁이는 파도 때문에 일어나는 현상 같기도 한데 특이하다. 분수처럼 물안개를 뿜어내는데 그걸 보려고 많은 사람들이 모였다.

주차장까지 걸어나가면서 한 상점에 들어가 아내 모자를 샀다. 챙이 넓은 왕골 모자로 따가운 햇빛을 가리기에 안성맞춤이다. 국경지대로 가다가 점심을 먹으러 식당에 들어갔다. 해변의 허술해 보이는 식당인데 바다를 향한 창가에 자리를 잡으니 시원하다. 한국에서는 비싸서 좀처럼 먹어보기 힘든 바다가재 요리다. 랍스타를 실컷 먹다보니 다른 음식은 손 갈 틈이 없다. 이번 멕시코 여행은 입이 호사했다.

미국으로 입국하려는데 멕시코로 나올 때하고는 영 딴판이다. 기다리는 차도 많지만 입국 심사도 까다롭다. 딸은 미국 주재원 가족 여권과 일반 여권이 있단다. 그 중 하나만 가져 왔는데 나올 때는 아무 말이 없었는데 입국 심사에서는 나머지 여권을 보자는 것이다. 그걸 가져오자면 어바인까지 왕복 두 시간은 걸린다는데 황당하기 그지없다. 한쪽에서 기다리고 있자니 다른 세관원이 다가오더니 사연을 들어보고는 가라 해서 통관했는데 그만큼 멕시코에서 미국으로 들어오는 입국 절차는 까다롭다.

어제 출발하면서 돌아올 때 센디에이고에 들렀다가기로 약속을 했다. 전망대 같은 곳에서 시내 일부를 구경하는데 바다 위로 놓인 다리가 센디에이고의 명물 같다. 부산 광안리 대교가 연상된다. 공원에 차를 세우고 쉬면서 센디에이고 항구를 보았다. 이곳은 미해군기지가 있는 군항으로 미드웨이호가 위용을 자랑하며 정박해 있는 항구란다. 현대 무기를 장착한 핵잠수함, 항공모함의 기지로 군사전략항이라는 이야길 듣고 보니 항구가 넓고 요소요소에 함정이 보인다. 센디에이고 시내는 들어가지 않고 멀리서 관망만하고 어바인으로 돌아오는데 한 시간 걸려 왔다. 집 현관 앞에 내려주고 차는 돌아갔는데 비록 1박 2일 짧은 여정으로 멕시코를 다녀왔지만 그 땅을 밟아 보았다는 것만으로도 가슴이 뿌듯하다. 음식과 숙소가 마음에 들어 한여름 나고 싶은 여행지다.

내일은 귀국하는 날이라 가족 쇼핑을 LA로 나갔다. 시타델 아울렛 거리란다. 세계 유명 브랜드 점은 다 모여 있는 큰 상가라 돌아보며 아이쇼핑하기도 아내는 힘이 드나보다. 한 상점에서 문환이 것과 내 티셔츠를 샀다. 두 벌을 사면 한 벌은 반값이라서 내 것도 하나 골랐다. 장사 수완이다. 가방점에 들려 사위한테 아내는 가방 선물을 받았다. 350달러나 하는 가방을 선물로 받았으니 서울 가면 자랑거리가 생겼다. 가방 노래를 부르더니 소원풀이를 사위가 해 주었다. 점심은 한인 타운으로 가서 바지락국수, 해물국수, 만두 등 식구 수대로 시켜 골고루 맛을 보았다. 내용물이 많이 들어가 맛은 좋은데 한 그릇에 13달러씩으로 팁과 부가세가 별도니 한국에 비해 많이 비싸다.

집으로 돌아와 짐을 꾸렸다. 밤 10시에 LA비행장으로 나가야 한다. 저녁 식사는 승용이네랑 우석이네 식구를 초대해 수영장에서 고기를 구워먹었다. 구워먹을 시설이 잘 되어 있어 낮에 마트에서 사온 고기를 굽고 각종 채소와 반찬을 만들어 야외 수영장에서 먹으니 캠핑 나온 것 같아 한결 분위기가 좋고 맛도 있다. 마을 공동체에 이런 시설을 갖춰 놓아 편리하다. 식후에 집으로 가 과일과 차를 마시니 설거지 할 일도 없고 너무 좋다. 조카들이 이국에서 서로 다른 생업에 종사하고 있지만 가끔 만나 서로 의논하고 외로울 때면 종종 만나라 했다. 우석이와 재영이가 같은 학교에 다니니 좋고, 이번 학기를 마치면 본인들이 원하는 대학에 편입을 한다니 남은 기간 열심히 노력해서 좋은 대학에 진학을 했으면 더 좋겠다. 지금 다니는 대학은 Orange Coast College다. 캠퍼스에 가 보았는데 시설은 좋은데 명문대는 아니라니 한국학생들 중에 명문대학을 진학하기 위해 준비 과정으로 몇 학기 다니는 대학 같다. 승용이는 내 티셔츠와 영양제, 그리고 영조, 영빈 선물이라며 미국 젊은이들이 많이 입는다는 바지 두 벌을 가져왔다. 고마운 생질이 외삼촌을 끔찍히 생각해 주니 고맙다.

올 때도 태국항공으로 왔다. 새벽 1시 10분에 출발해 인천공항에 도착하니 대낮이다. 13시간 비행길 탔으니 피곤하다. 다행히 가운데 자리가 비어 있어 갈 때처럼 누워왔기에 그나마 아내가 건강을 유지한 것 같다. 딸을 따라 미국, 옐로스톤, 캐나다, 멕시코 여행을 실속 있게 다녀왔다. 항간에 딸이 있어야 비행길 탄다는데 빈말이 아니다.

미리내수필문학회 14집

땅끝까지 가다

1판 인쇄 / 2016년 3월 15일
1판 발행 / 2016년 3월 25일

지은이 / 미리내수필문학회
펴낸이 / 김 주 안
펴낸곳 / 도서출판 진실한 사람들
주소 / 서울시 종로구 삼일대로 457, 713호(경운동, 수운회관)
Tel. 02~730-3046~7
Fax. 02~730-3048
E-mail / munvi22@hanmail.net
http://cafe.daum.net/VisionLiterary/Arts
등록번호 / 제300-2003-210호
ISBN / 978-89-91905-64-1